本书受中南财经政法大学出版基金资助

中南财经政法大学
青年学术文库

中国上市公司高管薪酬激励有效性研究

王亚男 著

长江出版传媒 | 湖北人民出版社

图书在版编目(CIP)数据

中国上市公司高管薪酬激励有效性研究 / 王亚男著.
武汉：湖北人民出版社, 2019.12
ISBN 978-7-216-09886-1
Ⅰ.中… Ⅱ.王… Ⅲ.上市公司—管理人员—劳动报酬—研究—中国
Ⅳ.F279.246
中国版本图书馆CIP数据核字(2020)第018664号

责任编辑：沈　红
李月寒
封面设计：刘舒扬
责任校对：范承勇
责任印制：肖迎军

出版发行：湖北人民出版社	**地址**：武汉市雄楚大道268号
印刷：武汉市籍缘印刷厂	**邮编**：430070
开本：710毫米×1010毫米 1/16	**印张**：12.5
版次：2019年12月第1版	**印次**：2019年12月第1次印刷
字数：192千字	**插页**：3
书号：ISBN 978-7-216-09886-1	**定价**：48.00元

本社网址：http://www.hbpp.com.cn
本社旗舰店：http://hbrmcbs.tmall.com
读者服务部电话：027-87679656
投诉举报电话：027-87679757

序　　言

改革开放以来，中国高管薪酬机制逐渐从行政工资向市场化激励转变，高管薪酬水平显著提升，各类短、中、长期薪酬激励均已推出。但是现实中高管薪酬也出现诸多问题：2017 年某两家知名企业董事长分别拿到年薪 979 万元和 968 万元的“天价薪酬”，与其他行业高管形成鲜明对比；高管薪酬与企业业绩脱钩的现象比比皆是，高管薪酬呈现明显的向下粘性；股权激励自 2005 年正式推出以来，发展较为迟缓；国有企业高管薪酬管制政策层出不穷，然而大多数管制并未达到预期的效果。这些现实问题引发了学术界和业界关于高管薪酬激励有效性的激烈争论，并主要形成了两派观点。“租金榨取观”认为现存的高管薪酬合约不是由董事会根据股东价值最大化的目标制定的，而是由权力过大的高管出于个人利益最大化的考虑为自己制定的（Bebchuk and Fried, 2004）。因此，高管薪酬整体水平过高并且缺乏激励效果，对公司股东而言是无效的，亟需相关监管部门出台对高管薪酬的管制措施。然而，“股东价值观”则得出了完全不同的结论。该观点认为传统的代理理论忽略了经理人劳动力市场或雇佣关系的一些其他特性，不能完全刻画现实中的高管薪酬合约，通过对传统代理模进行扩展与改进，能够充分描述高管薪酬的各个方面，并产生与现实观测到的高管薪酬所一致的预测（Edmans and Gabaix, 2016）。因此，现有的高管薪酬激励本身是符合经济规律的，对股东而言也是有效的，监管部门对高管薪酬的外生限制不但难以实现预期的效果，反而扭曲了原本有效的薪酬激励。

针对高管薪酬差距较大、薪酬与业绩脱钩、股权激励发展迟缓以及国企薪酬管制失效这四个问题，本书结合实际经济体制与市场规律，从“股东价值观”与“租金榨取观”两种视角，利用理论建模与实证检验相结合的方法，具体考察以下四方面的问题：(1) 上市公司高管薪酬迅速增长以及个别企业“天价薪酬”现象如何解释？(2) 符合“股东价值观”的高管薪酬应该如何与公司业绩挂钩？现实中上市公司高管薪酬是否已经采用了有效的薪酬合约形式？(3) 在不影响高管激励的情况下，能否通过调整薪酬结构，为股东设计出更节省成本的薪酬合约？(4) 伴随着新一轮国有企业改革的推进以及中央八项规定下中央政府反腐力度的增大，2014 年《中央管理企业负责人薪酬制度改革方案》政策效果如何？本书的第三至六章依次考察了这四个问题。

第三章考察中国上市公司高管薪酬水平的有效性。2005—2016 年经理人实际薪酬水平差距较大的主要原因是小部分经理人获取了极高的薪酬。本章从最优合约的角度，构建了一个经理人劳动力市场的匹配模型。基于该模型，经理人薪酬差距是由于公司规模差距导致的，即使经理人才能增加极少的部分，也会被与其匹配公司的规模放大。利用上市公司数据对理论模型的预测进行实证检验，发现了与模型预测相一致的证据，并且发现了有悖于“租金榨取观”的结果。因此，近年来经理人薪酬的整体上涨主要是对公司规模整体扩张的一个均衡反应，企业间经理人薪酬的差距也是劳动力市场竞争性均衡的结果，而不仅仅由于经理人榨取了租金。

第四章考察中国上市公司高管薪酬业绩敏感性的有效性。在传统代理模型的基础上，引入了可观测到的同行公司业绩作为额外信号，显示求解出最优合约与可观测到的公司自身业绩以及同行业绩的关系，发现经理人薪酬应当与过滤掉因外生行业冲击后的公司业绩正相关，即相对业绩评估。接着，本章根据上市公司 2005—2016 年高管实际薪酬数据对理论模型的预测进行了实证检验。发现整体而言，上市公司在制定经理人薪酬合约时采用了相对业绩评估标准，但主要集中于制造业公司，并且在 2009 年之后开始全面应用。进一步考察了公司特点对相对业绩评估的影响，发现相对业绩评估存在不对称性，并且民营企业、竞争性程度较高的行业会更多地运用相对业绩评估，但公司治理环境对相对业绩评估的应用没有显著影响。此外，基于会计指标来衡量公司业绩时，支持了强式相对业绩评估，但并未发现证据支持市场指标衡量业绩下的强式相对业绩评估。

第五章考察中国上市公司高管薪酬结构的有效性，即货币薪酬，股票以及期权等组成部分的有效配置。本章先根据国有和民营企业经理人的不同属性，分别设定了风险厌恶和损失厌恶型的经理人效用函数，并基于代理理论构造两类企业的最优薪酬合约模型。接下来，搜集 2016 年上市公司经理人实际薪酬数据，利用 Matlab 软件进行模型校准，提出了优化现有合约的具体思路。对国有企业经理人而言，应该降低其货币薪酬水平，并通过授予其股票激励以维持经理人原有效用水平和激励效果，但不应该授予其期权。通过调整薪酬结构为公司节省了 0.82%的薪酬成本，约合 71 万人民币。这意味着授予国企经理人更多股票能够有效替代较高货币薪酬带来的激励效果，但是期权的激励效果十分有限。但是，对民营企业经理人而言，应该降低其股票持有量，增加期权激励，并提高货币薪酬水平以维持原有激励效果。最优合约成本比原有合约降低 2.07%，约合 1845 万人民币。这样的合约可以保护经理人不受下行风险的影响，促使其从事更多长远的、有风险的优质投资项目。

第六章考察中国国有企业高管薪酬管制的有效性问题。本章考虑到处于竞争性与垄断性行业的央企生产函数以及经理人政治晋升激励强度存在的差异，构建理论模型分析了事前的薪酬管制对竞争和垄断性央企的不同效果。接着以 2014 年“限薪令”这一外生政策冲击为准自然实验，利用双重差分法考察其对国有企业高管薪酬的实际影响，发现相对于民营企业，国有企业（尤其是央企）高管薪酬与企业内薪酬差距在 2015 年及以后有显著下降。然而，事件研究法的结果显示，“限薪令”对央企并未产生正面效果。处于竞争性行业的央企有显著负的累积异常收益，公司价值平均损失 0.4%，处于垄断性行业的央企股价几乎不受“限薪令”影响。最后，考察了“限薪令”影响企业价值的内在机制，发现较差的公司治理与激烈的行业竞争会加剧竞争性央企价值的损失，但这些对垄断性央企都没有显著影响。

总体而言，随着市场化进程的不断深入与各类竞争机制的完善与健全，上市公司高管薪酬的整体水平与薪酬业绩敏感性已经基本符合市场规律，高管薪酬水平整体上反映了高管劳动力市场均衡的结果，高管薪酬也广泛采用了相对业绩评估标准，但薪酬结构等方面也还存在一定的优化空间。本书的研究肯定了市场力量在对高管人力资本进行合理定价、实现高管与股东激励相容中起到的关键作用，证实了当前高管薪酬的一些特点是股东价值最大化的结果，因而是有效的。在这种情况下，政府出于社会公平性或市场失灵的担忧而对高管薪酬的一些行政干预反而会带来效率损失，而完善市场监督、增强公司治理，以促使劳动力市场与企业内部形成有效的高管薪酬激励可能是更有效的方式。

王亚男

2019 年 4 月 21 日

目　录

第一章　引言

1.1　研究背景与意义

1.1.1　中国高管薪酬变迁历史

改革开放之前，中国经济体制以计划经济为主，高管薪酬处于行政工资阶段。1978 年改革开放政策为国内企业注入了新的活力，随着 20 世纪 80 年代“放权让利”的推进，企业承包制在我国广泛推行。根据 1988 年国务院颁布的《全民所有制工业企业承包经营责任制暂行条例》，承包经理人年收入可以根据合同规定指标的完成情况进行调整，承包经理人年收入可以在本企业职工平均年收入的一至三倍内进行浮动。虽然行政级别工资仍然是这一时期高管薪酬的主要形式，但这一制度不仅将经理人薪酬水平与企业业绩联系到一起，也是企业控制权领域的一次变革，实现了国有企业所有权和经营权的分离，在一定程度上大大调动了经理人的积极性。然后，承包制的弊端也逐渐凸显，由于股权结构单一，企业内部代理问题严重，外部法律监管又几乎处于空白，导致承包经理人常常追求个人利益而损害企业财产，1992 年以后承包制已经基本上被放弃。

随着市场化进程的推进，我国逐步建立起现代企业管理制度，经理人年薪制这一重要激励方式也正式起步。1992 年上海市的三家国有企业率先开始试行经理人年薪制，两年后深圳市也出台了《企业董事长、总经理年薪制试点办法》，随后经理人年薪制开始在辽宁、北京、四川等地试行。不同省市制定了各具特色的年薪制实施办法，总体而言，在年薪制下经理人薪酬主要包含基本薪酬和绩效薪酬两部分：基本薪酬一般根据企业的经营规模与经济效益，以本企业职工平均工资为基数确定；绩效薪酬则主要依据企业实际年度销售收入或利润总额的增长率来核定。高管年薪制是现代经理人薪酬制度的雏形，体现了激励与约束相统一，风险与收益匹配的原则。到 1999 年全国已经有 20 多个省市的近万家企业实行了高管年薪制，主要集中在大中型国有企业。与此同时，另一项重要的高管薪酬激励制度——股权激励也在 20 世纪 90 年代被引入。在 90 年代初期企业股份制改革的热潮中，许多公司发行了大量的内部职工股，这类早期的股权激励也主要是带有福利性质的员工持股。到了 90 年代后期，股权激励的重点转向了针对企业经营者和核心技术管理人员的激励性薪酬组成部分。1999 年 8 月颁布的《中共中央、国务院关于加强技术创新，发展高科技，实现产业化的决定》是最早肯定股权激励制度的政策性文件，该政策允许并鼓励对企业经营者和科技人员实行包含期权在内的股权激励形式。同年，武汉市的 24 家企业就规定其经理人绩效年薪中的 70%以股票期权的形式兑付。

进入 21 世纪，我国企业高管薪酬激励制度日渐完善，在大力推行年薪制的同时，也开始积极探索股权激励的各种方式。2004 年 6 月国资委颁布的《中央企业负责人薪酬管理暂行办法》规定了中央企业负责人薪酬构成和水平、发放时间和方式以及考核办法，建立起有效的央企负责人激励与约束机制。2005 年之后，随着我国股权分置改革的推进以及相关法律的健全，我国上市公司推行股权激励制度所面临的市场与制度环境都得到了较大的改善。证监会 2005 年颁布实施《上市公司股权激励管理办法》（试行），2008 年证监会又连发《股权激励有关事项备忘录》1 号、2 号、3 号对高管激励相关问题进行说明。我国公布股权激励预案的上市公司数目已经从 2005 年的 7 家增加到 2015 年的 800 多家，可见近十年间我国股权激励制度已经取得了一定的发展。在我国企业经理人薪酬激励机制不断市场化的过程中，伴随着经济总量的高速增长与资本市场的欣欣向荣，上市公司经理人薪酬在2007年达到了极高的水平。但是，紧随其后的2008年全球金融危机引发了全社会关于收入分配公平性与经理人高薪合理性的质疑，尤其是国有企业经理人薪酬一直受到社会各界的高度关注。我国政府为了保障收入分配的公平性，出台了一系列限制国企高管薪酬水平的政策，2009年9月多部委联合下发的《关于进一步规范中央企业负责人薪酬管理的指导意见》以及2015年正式实施的《中央管理企业负责人薪酬制度改革方案》对央企负责人薪酬结构、水平、福利待遇、在职消费等进行了较为严格的限制。此外针对普遍高薪的金融业，相关部门对高管薪酬的管制政策更加密集（详见表1-1）。

表1-1 2000年以后中国高管薪酬相关政策一览表

时间	事件	主要内容
2000.11	劳动和社会保障部颁布《进一步深化企业内部分配制度改革的指导意见》	规定企业经营者的持股数额
2004.06	国资委颁布《中央企业负责人薪酬管理暂行办法》	建立有效的央企负责人激励与约束机制
2005.12	证监会颁布《上市公司股权激励管理办法》（试行）	
2006.01	国资委及财政部联合印发《国有控股上市公司（境外）实施股权激励试行办法》	已完成股改的上市公司可以实施股权激励
2006.09	国资委颁布《国有控股上市公司（境内）实施股权激励试行办法》	
2006.06	国资委颁布《关于规范中央企业负责人职务消费的指导意见》	央企负责人职务消费的有关制度
2007.12	国资委颁布《关于加强中央企业负责人第二业绩考核任期薪酬管理的意见》	完善央企负责人中长期激励，合理拉开薪酬差距
2008.05—2008.09	证监会颁布《股权激励有关事项备忘录》1-3号	对股权激励间隔期、股价及激励对象等进行规定

续 表

时间	事件	主要内容
2008.10	国资委、财政部联合颁布《关于规范国有控股上市公司实施股权激励制度有关问题的通知》	规范国有企业的股权激励
2008.12	保监会颁布《关于保险公司高级管理人员2008年薪酬发放等有关事宜的通知》	限制保险业高管薪酬
2009.01	财政部颁布《关于金融类国有和国有控股企业负责人薪酬有关问题的通知》	限制国有金融机构高管薪酬
2009.04	财政部颁布《关于国有金融机构2008年度高管人员薪酬分配有关问题的通知》	限制国有金融机构高管薪酬
2009.09	六部委联合下发《关于进一步规范中央企业负责人薪酬管理的指导意见》	央企第一次“限薪令”
2010.02	银监会颁布《商业银行稳健薪酬监管指引》	限制银行业高管薪酬
2013.02	国务院办公厅颁布《关于深化收入分配制度改革重点工作分工的通知》	缩小收入分配差距
2015	《中央管理企业负责人薪酬制度改革方案》正式执行	央企第二次“限薪令”
2016.05	证监会颁布《上市公司股权激励管理办法》	废止原2005年《上市公司股权激励管理办法》（试行）及相关配套制度

资料来源：根据各政策发布机构和国内权威媒体手动整理

1.1.2 中国高管薪酬现状与问题

1.1.2.1 薪酬水平快速增长

伴随着改革开放、现代股份公司制度的建立与证券市场的成立，我国经济体制由计划经济逐渐向市场经济转型，高管薪酬制度也逐渐完成了从行政工资向现代薪酬激励机制的转变。自2005年以来，我国上市公司高管薪酬不断上升，上市公司平均高管薪酬从2005年23万元上升到2016年79万元（见图1-3）。2008年金融危机之前，我国上市公司高管平均薪酬增长迅速，2007 年平均高管薪酬增速高达 35%。其中，一些公司的高管更是出现了“天价薪酬”现象。如 2007 年某知名企业董事长以年薪 6616.10 万元问鼎薪酬排行榜，其薪酬是当年职工平均薪酬的 2700 多倍。受到 2008 年金融危机冲击之后，高管薪酬增速有所放缓，但依然保持逐年增长的态势。

此外，企业所有制与行业属性导致上市公司高管薪酬呈现系统性的差异。图 1-1 展示了不同所有制类型企业的平均高管薪酬。其中无实际控制人的公众企业平均高管薪酬最高，其次是外资企业，这两类企业市场化程度较高，也更偏重于激励高管团队。国有上市公司中，中央国有企业高管平均薪酬高于地方国有企业。在 2016 年，351 家中央国有企业负责人平均薪酬为 94 万元，644 家地方国有企业负责人平均薪酬为 72 万元，这主要是由于中央国有企业规模较大并且其负责人行政层级一般高于地方国有企业。中央国有企业高管薪酬高于民营企业，地方国有企业负责人薪酬与民营企业相近。但是，由于近年来国有企业负责人薪酬受到行政管制，民营企业高管平均薪酬在 2015 年已经超过了地方国有企业。

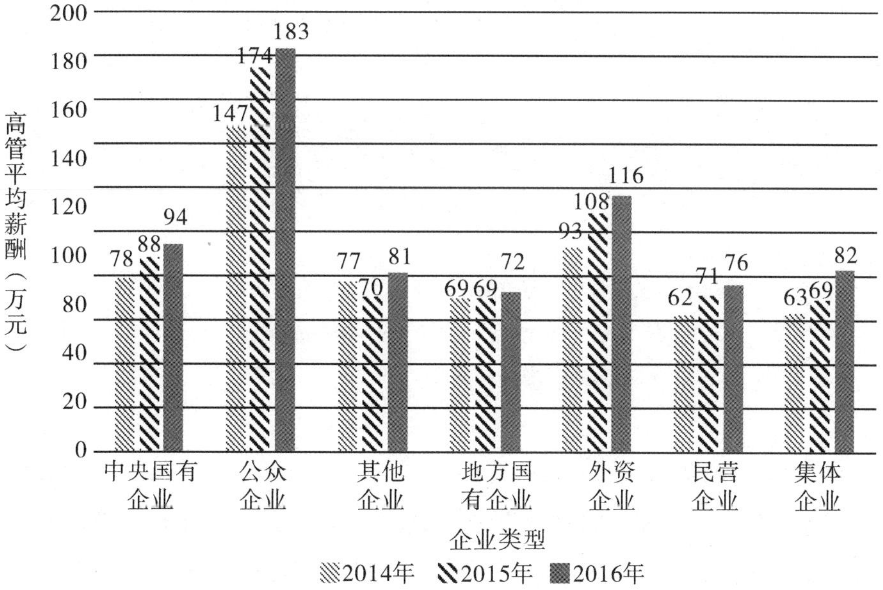

图 1-1　不同所有制类型企业的高管薪酬分布图

资料来源：CSMAR 公司研究数据库

不同行业高管的平均薪酬也存在明显差异。图 1-2 显示，金融业与房地产业是高管平均薪酬最高的两个行业。金融业 2016 年平均高管薪酬高达 273 万元，远高于全行业平均水平；房地产业 2016 年平均高管薪酬仅次于金融业，为 165 万元。平均薪酬最低的几个行业分别是教育业、农林牧副渔业以及公共设施与环保业。由于金融机构的“牌照”限制以及政府控制的土地供给，金融行业和房地产行业都属于行政垄断性行业。这类垄断性行业凭借其行业垄断优势获取了稳定的利润，其高管薪酬也一直处于较高的水平。

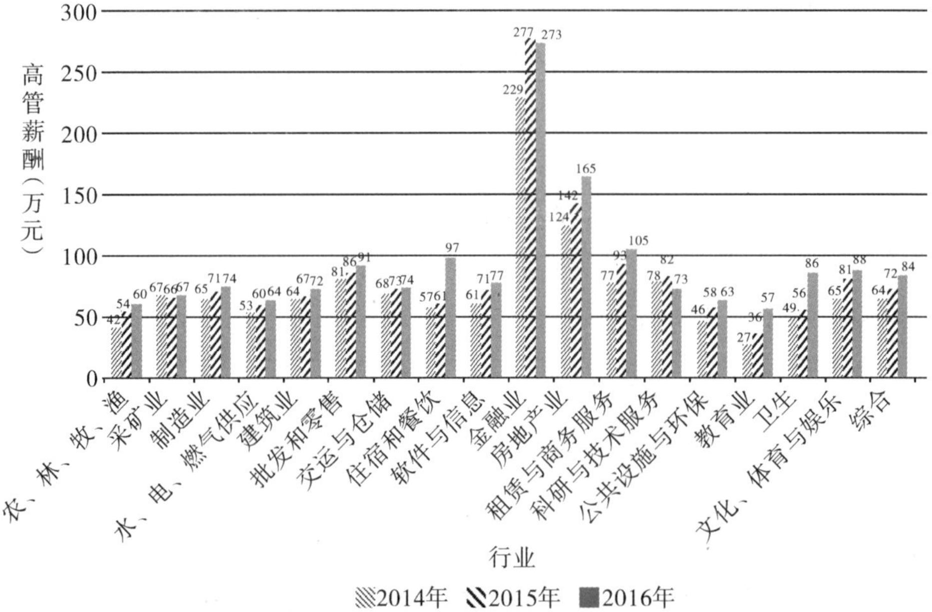

图 1-2 不同行业的高管薪酬分布图

资料来源：CSMAR 公司研究数据库

1.1.2.2 薪酬与业绩脱钩

根据最优合约理论，将高管薪酬与企业业绩挂钩，能够有效激励高管尽职并提升企业价值（Hölmstrom，1979）。但是，实践中，我国上市公司高管薪酬却未能真正实现与企业业绩挂钩。早期研究表明 21 世纪之前，由于以行政工资为主的薪酬安排，我国高管货币收入与股权都很低，高管薪酬与公司业绩之间无简单线性关系（魏刚，2000；Firth et al.，2006）。即使进入2000年以后，高管薪酬与企业业绩脱钩的现象依然比比皆是，2008年受金融危机的影响，高管薪酬水平与企业业绩脱钩的现象尤为严重。由图1-3可知，全部上市公司2008年的平均净利润较2007年显著下滑28%，由4.13亿元下降到2.98亿元；然而，高管平均薪酬不降反升，由2007年35.5万元升高到2008年的39.5万元，升幅11%。纵观2005年至今数十年间，企业净利润水平有升有降，但高管薪酬却存在十分明显的向下粘性，即薪酬呈现出逐年增加的趋势，从未出现过下调。

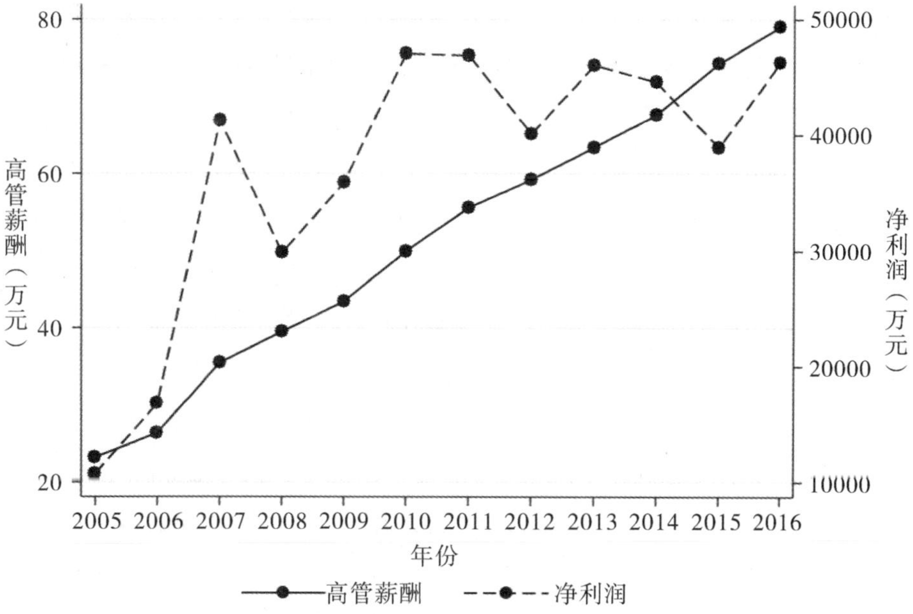

图1-3 高管薪酬与净利润变化趋势分布图

资料来源：CSMAR公司研究数据库

1.1.2.3 仍处于探索阶段的股权激励

早在1992年，我国国有企业就开始施行股权激励，但是由于当时市场制度和相关法规的不健全，股权激励反而成为企业内部人侵占国有资产的工具。因此，1994年国有资产管理委员会（以下简称国资委）暂停了股权激励的实施。直到2005年股权分置改革实施以后，我国A股市场进入“全流通”时代，才为股权激励的正式实施奠定了基础。其后，证监会和国资委分别于2005年12月和2006年9月颁发了《上市公司股权激励管理办法》

(试行) 和《国有控股上市公司（境内）实施股权激励试行办法》，此后上市公司开始向高管提供以限制性股票（restricted stocks）、股票期权（stock options）和股票升值权（stock appreciation rights）为核心的中长期薪酬激励。但是，事实上，我国上市公司高管持股比例普遍偏低，股权激励的推进也十分缓慢，大多数上市公司对高管的薪酬激励仍然以货币性激励为主。图 1-4 显示，自 2006 年 1 月 1 日到 2016 年 12 月 31 日，我国上市公司一共公布了 1137 份股权激励方案，且主要集中于 2011 年后的近 6 年之间。就激励标的物的种类而言，主要以限制性股票和股票期权为主，其中以限制性股票为标的物的股权激励计划一共有 638 份（占全样本的 56.1%），以股票期权为标的物的股权激励计划一共有 484 份（占全样本 43.6%），只有极少数以股票升值权为标的物（15 份计划，占比 1.3%）。2006 年至 2011 年之间，股票期权是股权激励最主要的形式，但是 2012 年以后股票期权数目逐渐下降，而限制性股票继续增加，并从 2014 年以后已经远远超过股票期权的数目。但是总体而言，各类股权激励占公司总股本的份额很小；平均而言，股权激励总额仅占公司总股本的 2.52%，激励作用有限。且 10 年间实施过股权激励的公司样本一共有 799 家，覆盖面不到上市公司全体的三成。并且实施股权激励的大多是民营上市公司，占全样本的八成以上。

1.1.2.4　国有企业高管薪酬管制的失效

我国国有上市公司虽然表面上按照《公司法》《上市公司治理准则》等规定设立了董事会、薪酬委员会等机构负责高管薪酬的制定，但实际上政府主管部门对国有企业高管薪酬有较强的干预，薪酬委员会的作用十分有限。由于我国经济体制的特殊性，许多国有企业高管同时具有“准官员”的身份，加上近年来国企高管薪酬过高、企业内部收入差距明显以及在职消费现象严重等问题引发了社会各界的争议。2002 年至今，政府及相关部门已先后出台过一系列关于规范与限制国有企业高管薪酬的政策性文件（见图 1-5），要求高管薪酬不超过职工平均工资的若干倍、高管薪酬方案必须经相关部门审批备案等。

然而，国企高管薪酬管制一直未取得理想的效果。2002 年国务院规定国企高管薪酬不得超过当年在岗职工平均薪酬的 12 倍，然而，2005 年不得

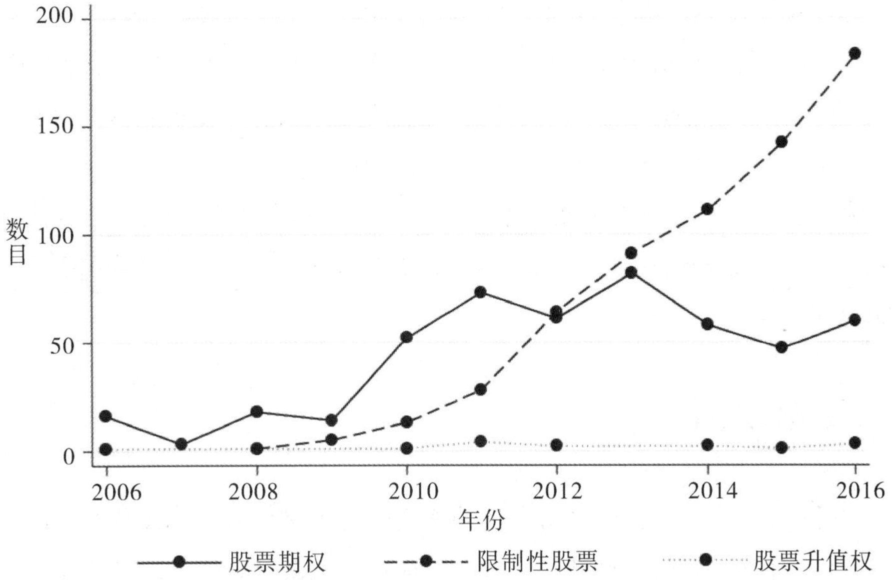

图 1-4 股权激励的种类及数目分布图

资料来源：CSMAR 公司研究数据库

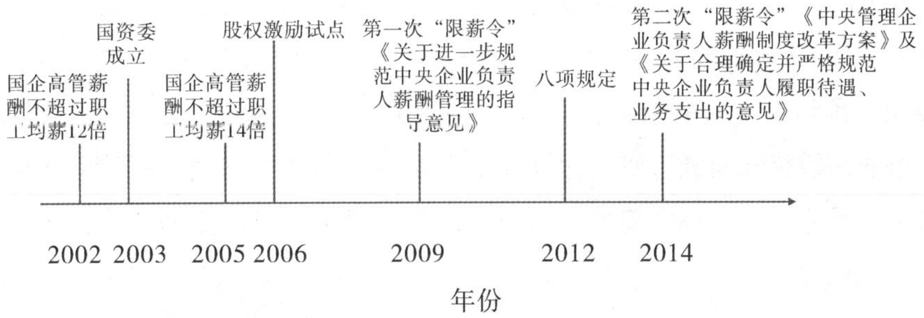

图 1-5 国有企业高管薪酬管制政策

资料来源：根据公开资料手动整理

不将这一指标上调为 15 倍以适应企业内薪酬差距的继续增大，但事实上，一些金融、电信、石油等国企高管薪酬仍远远超过这一规定。2009 年 9 月 16 日，人力资源和社会保障部会同中央组织部、监察部、财政部、审计署、国资委等 6 家单位联合下发了《关于进一步规范中央企业负责人薪酬管理的指导意见》，对央企负责人薪酬结构、水平、在职消费与福利待遇进行了全方面的严格限制，被业界称为“第一次限薪令”。然而大多数学者的研究认为“限薪令”没有实际效果，“限薪令”颁布后国企高管的薪酬水平不降反升，且运气薪酬的现象依然存在（沈艺峰和李培功，2010）。更有甚者，“限薪令”可能导致一系列负面效果，薪酬管制可能正是造成高管腐败和过度在职消费的主要原因（陈冬华等，2005；陈信元等，2009）。2014 年《中央管理企业负责人薪酬制度改革方案》已经是我国出台的“第二次限薪令”，对行政任命的高管与市场选择的高管进行了区分，但其他管制手段与 2009 年“第一次限薪令”类似。

1.1.3 研究问题

通过系统性梳理我国高管薪酬制度变迁历史可以看出，改革开放以来我国高管薪酬机制已经逐渐从行政工资向市场化激励转变，高管薪酬水平显著提升，各类短、中、长期薪酬激励均已推出。“最优合约理论”认为，高管薪酬合约应该在吸引有才能的经理人并激励其努力的情况下，最大化股东财富。因此高管薪酬应该与公司业绩挂钩，以实现股东和高管目标相一致（Hölmstrom，1979）。然后，现实中高管薪酬出现了许多与“最优合约理论”预测不一致的地方，如前文所指出的个别高管“天价薪酬”现象、薪酬业绩敏感性偏低、股权激励发展迟缓以及各类国有企业高管薪酬管制政策不尽如人意等现实问题，这引发了学术界和业界的激烈争论并主要形成了两派观点。

其中，以 Bebchuck and Fried（2004）为代表的“租金榨取观”认为现存的高管薪酬合约不是由董事会根据股东价值最大化的目标制定的，而是由权力过大的高管出于个人利益最大化的考虑为自己制定的，因此高管薪酬整体水平过高并且缺乏激励效果，对公司股东而言是无效的，急需相关监管部门出台对高管薪酬的管制措施。

然而，“股东价值观”则得出了完全不同的结论（Murphy and Zabojnik，2004；Gabaix and Landier，2008；Dittmann et al.，2010）。该观点承认现实中高管薪酬的确存在一些与传统代理理论不一致的地方，但是这不能简单归因于公司治理的缺陷，而是因为传统的代理理论仅仅是在委托代理分析框架下考察最优合约问题，忽略了经理人劳动力市场或雇佣关系的一些其他特性，因而不能完全刻画现实中的高管薪酬合约。因此通过对传统代理模进行扩展与改进，能够充分描述高管薪酬的各个方面，并产生与现实观测到的高管薪酬一致的预测。在这种观点下，现有的高管薪酬激励机制本身是符合经济规律的，对股东而言也是有效的，即股东价值最大化。因此，监管部门对高管薪酬的外生限制不但难以实现预期的效果，反而扭曲了原本有效的薪酬激励，损害长期股东价值。

本书针对高管薪酬急剧上升、薪酬与业绩脱钩、股权激励发展迟缓以及国企薪酬管制失效这四个问题，结合我国实际经济体制与市场规律，依次从高管薪酬整体水平、薪酬业绩敏感性、薪酬结构以及薪酬管制四个方面对高管薪酬的有效性进行考察，即考察现实中的高管薪酬是符合“租金榨取观”还是“股东价值观”。

具体而言，本书第三至六章依次考察了以下四个方面的问题：(1) 上市公司高管薪酬迅速增长以及个别企业出现的“天价薪酬”现象如何解释？该现象是“租金榨取观”的结果，还是符合“股东价值观”？(2) 根据最优合约理论，符合“股东价值观”的高管薪酬应该如何与公司业绩挂钩？公司自身业绩与同行业参照公司业绩在决定高管薪酬中应当发挥何种作用？现实中我国上市公司高管薪酬是否已经采用了有效的薪酬合约形式？(3) 当前我国高管薪酬在不同组成成分（货币薪酬、股票与期权）之间的配置是否有效？即在维持经理人激励机制不变的情况下，能否通过调整薪酬的不同组成成分，为公司股东节省薪酬成本？(4) 具体评估 2014 年《中央管理企业负责人薪酬制度改革方案》的政策效果，包括对高管实际薪酬水平、公司内部薪酬差距以及股东财富的影响。

1.1.4 研究意义

1.1.4.1 研究的理论意义

根据完全合约理论，公司的本质就是一系列的合约。一直以来，高管薪酬问题也都是在委托代理框架下，对最优薪酬合约形式的探讨。本书依次从高管薪酬的整体水平、薪酬业绩敏感性、薪酬结构以及薪酬管制四个方面，通过构建理论模型来刻画现实问题，并理论推导出最优薪酬合约的形式，期望对高管薪酬各个方面的有效性进行探讨。

第一，针对不同经理人薪酬差异较大以及个别经理人的“天价薪酬”现象，本书构建了一个经理人劳动力市场的一般均衡模型，实现经理人才能与公司规模的正向匹配。由此可以发现，经理人薪酬的差异实际上是公司规模差异的一个投影，尤其是针对大公司的经理人，其才能之间的微小差异由于与其匹配的公司规模的巨大差异而放大，因而导致了经理人“超级明星”现象。本书通过构建这一理论模型，描述了委托代理框架之外，劳动力市场竞争在高管薪酬决定机制中起到的关键作用，并解释了委托代理模型所不能解释的现实中高管薪酬存在较大差异这一现象。本书的研究说明现实中公司高管薪酬的差异在一定程度上是高管劳动力市场竞争性均衡的结果，忽视其背后经济学理论而过度强调收入分配公平性的政策将以损失效率为代价。

第二，针对高管薪酬应如何与公司业绩挂钩这一问题。本书在 Hölmstrom（1979）提出的“信息原则”基础上，增加了额外可观测的同行参照公司业绩信号的作用，并将 Hölmstrom and Milgrom（1987）的理论模型进行简化，推导出经理人最优薪酬合约的解析解。最优合约显示经理人薪酬应该与过滤掉同行参照公司业绩后的非系统性公司业绩挂钩，即采用相对业绩评估。因此，现实中制定高管薪酬时，应当充分考虑到可观测到的多种信号的作用，采用合适的相对业绩评估标准可以有效避免经理人幸运薪酬与过度支付等问题。

第三，针对货币薪酬、股票与期权三类薪酬组成成分的最优配置问题。本书通过对经理人效用的不同假设，刻画出更符合中国现实的最优合约形式。对于民营企业，本书根据行为经济学中的“前景理论”，认为代理人不仅仅是传统代理模型下风险厌恶的个体，更是损失厌恶的，即损失带来的负效用远远高于同等程度的收益带来的正效用。损失厌恶的效用函数推导出的最优薪酬结构应当是凸性的，这能够有效解释现实中的期权这一激励方式。但是，对于国有企业，由于国企高管除了提升企业业绩外，还需兼顾企业社会责任、收入分配公平性等其他任务，相比于货币性激励，政治晋升可能是更为重要的激励形式，因此国有企业高管对货币性损失不太敏感，本书将其效用函数设定为常相对风险厌恶型。本书通过设定不同的高管效用函数来刻画国有企业和民营企业经理人的本质性差异，并分别考察现有的高管薪酬结构是否还有优化空间，并为两类企业的股东分别提出了节省薪酬成本以提高企业价值的具体方案。现有的研究大多关注高管薪酬水平（绝对值）和薪酬业绩敏感性（斜率），而本书的研究率先指出了高管薪酬结构（凸性）对薪酬激励效果的重要影响，强调了股东根据经理人个人效用函数的特性来设计相应薪酬激励合约的重要意义。

最后，针对高管薪酬的外生行政管制，本书在传统代理模型中加入一个外生的事前可知的薪酬管制，即对最高薪酬水平设置了一个上限，考察该管制对股东财富的影响。具体而言，薪酬管制会影响与公司匹配的高管才能以及在位高管的努力程度，进而影响公司价值。在进一步区分竞争性行业和保护性行业的基础上，考虑到两类企业中高管才能和努力程度对公司产出弹性的差异，并加入保护性行业国企高管的政治激励，发现薪酬管制对两类公司股东财富会产生不同影响。在理论分析的基础上，本书针对2014年央企“限薪令”这一具体薪酬管制政策，对理论模型的推论进行了检验，发现“限薪令”显著降低了中央国有企业高管薪酬水平以及高管和普通员工的薪酬差距，但对股东财富并未产生正面效果，对竞争性央企的股东财富甚至产生负面影响。说明政府对市场活动的直接干预可能适得其反，一刀切的薪酬管制反而扭曲了原本有效的薪酬激励，健全市场竞争与监管机制以促进企业内部形成有效薪酬激励可能是更为有效的方式。

1.1.4.2 研究的现实意义

高管薪酬不仅是学术界的重点研究话题，更吸引了各类媒体和监管部门的广泛关注。目前关于高管薪酬的讨论主要集中于四个问题：一是高管薪酬的持续上涨始终未得到合理的解释，自2005年以来，我国上市公司高管平均薪酬水平增长了两倍，而这还只是货币性薪酬部分（见图1-3）。二是高管薪酬与公司业绩脱钩，高管薪酬缺乏激励效果。尤其是2008年金融危机冲击下高管薪酬不降反升，以及近年来整体公司利润率下滑的同时却伴随着高管薪酬的持续上升。三是股票和期权等长期激励工具反而成为高管操纵公司股价、套取股东利润的手段。四是高管与普通员工收入差距逐步拉大，尤其是整体经济上行压力增大时，收入分配的不平等进一步加剧了民众的不满与质疑。因此，深入研究如何建立合理有效的高管薪酬激励机制，有利于实现企业高管人力资本的合理定价并制定激励相容的薪酬合约。对以上四个广为企业股东、监管部门和普通民众所关注的重点问题进行合理解答，具有十分重要的现实意义。

由于我国经济体制的特殊性，在市场化进程推进的过程中，民营竞争性企业已经较为充分地加入市场竞争，而国有保护性企业由于常年存在的行政干预与政府管制，仍然具有浓厚的行政化色彩。本书对这两类企业高管薪酬现状的有效性进行实证检验，厘清迅速增长的高管薪酬是有效市场竞争还是管理者权力寻租的结果，有助于帮助企业与监管部门对现存薪酬合约进行优化与改进。如果现有的高管薪酬主要是高管权力寻租的结果，那么相关监管部门出台一系列关于高管薪酬的管制政策就是十分有必要的；与此相反，如果现有的高管薪酬本身是符合经济规律的，对股东而言也是有效的，那么监管部门对高管薪酬的外生限制不但难以实现预期的效果，反而扭曲了原本有效的薪酬激励，损害长期股东价值。此外，分析公司业绩如何决定高管薪酬，有助于解决目前薪酬业绩敏感性是否普遍偏低这一争议，在设计合理有效的薪酬激励方式的同时，也为规范完善上市公司治理机制提供新的视角与思路。进一步地，通过考察不同薪酬组成成分的最优配置，有助于帮助公司制定最有效率的薪酬合约，以最小的成本实现对高管的激励。最后，通过对国有企业薪酬管制政策经济后果进行研究，为政府监管及政策制定提供有效参考与支持。

总体而言，本书的研究发现，随着市场化进程的不断深入与各类竞争机制的完善，我国上市公司高管薪酬的整体水平与薪酬业绩敏感性基本符合市场规律。尽管在薪酬结构等方面还存在一定的优化空间，高管薪酬水平整体上反映了高管劳动力市场均衡的结果，高管薪酬也广泛采用了相对业绩评估标准。本书的研究肯定了市场力量在对高管人力资本进行合理定价、实现高管与股东激励相容中起到的关键作用，证实了当前高管薪酬的一些特点是股东价值最大化的结果，因而是有效的。在这种情况下，政府出于社会公平性或市场失灵的担忧而对高管薪酬的一些行政干预反而会带来效率损失，而完善市场监督、增强公司治理，促使劳动力市场与企业内部形成有效的高管薪酬激励可能是更有效的方式。本书的研究结果支持了党的十九届三中全会通过的《中共中央关于深化党和国家机构改革的决定》的指导思想，即破除制约使市场在资源配置中起决定性作用、更好发挥政府作用的体制机制弊端，最大限度减少政府对市场资源的直接配置，最大限度减少政府对市场活动的直接干预，调整优化政府机构的职能。

1.2 本书的对象、结构及方法

1.2.1 相关概念界定

1.2.1.1 高管

本书考察中国上市公司高管薪酬问题，因此首先需要对高管的范围进行界定。参照2006年《公司法》的定义，公司高管是指经理、副经理、财务负责人、上市公司董事会秘书和章程规定的其他高级管理人员。《公司法》对公司高管的定义非常广泛，在本书的研究范式下，高管应该在公司日常决策上有一定的话语权，因此只属于《公司法》定义下高管的一个子集。

国外相关文献用到的专业术语为“Executive Compensation”，因此研究对象主要指负责公司日常运营与事务的经理人，或特指首席执行官（Chief Executive Offer，CEO）。但是在中国，对公司管理层中各个职位具体职能的界定尚未完全统一。例如，从实际职能上看等同于国外CEO并负责公司日常运营的管理者，在部分上市公司中被称为总经理，部分被称为董事长，也有的直接被称为CEO。根据Jiang and Kim（2015）的研究，在大多数国有企业中，实际负责公司日常运营的是董事长或党委书记。但是，在非国有企业中，实际负责公司日常运营的可能是董事长或总经理。因此，本书参照大多数国内文献（辛清泉和谭伟强，2009；周宏和张巍，2010），以公司年报中披露的“董事、监事以及高管前三名薪酬总额”除以 3 来计算出“代表性经理人”的年薪。一般而言，实际负责公司日常运营并掌握决策权的经理人，应该属于董事、监事以及高管中年薪最高的前三名之一，因此本书以“代表性经理人”作为研究对象，并将其薪酬定义为“高管薪酬”。

需要指出的是，本书第五章需要每家上市公司高管的货币薪酬、持股比例、持有的股票期权以及其累积财富等具体数据，因此需要精确到公司管理层中的具体某个人。因此，在第五章中参照 Jiang and Kim（2015）的研究，对国有企业，选取董事长、党委书记和总经理中薪酬最高者，将其定义为掌握公司决策权的高管；对于民营企业，定义董事长和总经理中薪酬最高者为高管。

1.2.1.2　高管薪酬

高管薪酬由高管从其公司领取的财务报酬和其他非财务报酬组成。它通常包括基本工资（base salary）；短期激励，常指奖金（bonuses）；长期激励计划，包括公司股票（stocks）和股票期权（options）等；员工福利（employee benefits）、高管特权（executive perquisites）以及其他或有收入（contingent payments）等。①

高管薪酬有狭义和广义之分，根据我国实情，广义的高管薪酬应当包括：货币性薪酬（固定年薪和年度奖金等），股权激励（限制性股票、股票期权、股票增值权等），以及其他薪酬（在职消费、员工福利、政治晋升等非货币性激励）。狭义的高管薪酬则主要指货币性薪酬，即固定年薪和年度奖金之和。广义高管薪酬中的其他薪酬部分，包括在职消费、员工福利、政治晋升和非货币性激励，由于数据不可得而难以观测，因此本书忽略这部分薪酬成分。此外，本书研究样本跨度较大，覆盖 2005 年到 2016 年共 12 年，而股权激励等长期股权计划主要集中于 2011 年至 2016 年，早期的高管

① 参见美国高管薪酬研究中心（Center on Executive Compensation）对高管薪酬概念的界定。

薪酬激励主要依赖于货币性薪酬。因此，本书主要以狭义的高管薪酬为主要研究对象，即包含固定年薪和年度奖金的货币性薪酬。但是，本书在第五章具体考察高管薪酬结构时，由于聚焦于2016年末上市公司高管薪酬，各类中长期股权激励数据可得性较强，采用了较为广义的高管薪酬定义，即全面纳入了固定年薪、年度奖金、限制性股票与股票期权等激励成分。

1.2.1.3 有效性

本书对高管薪酬“有效性”的定义是从公司所有者（股东）的角度出发的。根据最优合约理论，公司董事会代表全体股东基于股东价值最大化的目标设计高管薪酬合约。这份合约应当能够吸引有才能的经理人，激励经理人努力尽职、尽可能挖掘公司成长机会并拒绝浪费的项目，与此同时最小化股东的薪酬成本。最优合约理论的经典模型指出，有效的高管薪酬应该包含与公司业绩挂钩的奖金部分、股权激励以及基于公司业绩表现的解雇处罚（Jensen and Murphy，1990）。本书的研究中，提出了“股东价值观”作为高管薪酬有效性的代表性观点，接下来对“股东价值观”和高管薪酬“有效性”的内涵作几点说明。

第一，“股东价值观”对立于“租金榨取观”，后者以Bebchuck and Fried（2004）为代表，他们认为现存的高管薪酬合约不是由董事会根据股东价值最大化的目标制定的，而是由权力过大的高管出于个人利益最大化的考虑为自己制定的，因此高管薪酬整体水平过高并且缺乏激励效果。但是，“股东价值观”认为现实的高管薪酬依然是符合最优合约理论预测的，是股东价值最大化的结果。尽管高管薪酬可能出现一些与传统最优合约理论不一致的地方，但这并不能简单归咎于公司治理和高管权力的缺陷，而是由于传统的理论模型忽略了一些高管薪酬的其他特性。

第二，“股东价值观”是对最优合约理论的扩展。最优合约理论是在委托代理框架下，考察委托人（股东）和代理人（高管）两者之间如何制定一份有效的高管薪酬合约来最大化股东财富，因而未考虑该研究框架之外的因素。“股东价值观”在委托代理框架之外，还强调了其他需要考虑的因素，尤其是高管劳动力市场竞争的力量。例如Murphy and Zabojnik（2007）发现随着市场对高管一般性人力资本的重视，公司更加依赖于雇佣外部高管而非从企业内部培养，因而导致整体市场均衡薪酬水平的提升。Cao and Wang（2008）提出国际贸易加强了外国公司对于高管才能的竞争，进而拉高了高管薪酬水平。

第三，本书研究的高管薪酬“有效性”并非绝对意义上的有效。一方面，即使是严格以股东价值最大化为目标的董事会，在实践中也无法制定出绝对有效的高管薪酬合约。理论上，完全有效的最优合约可能并非线性的，薪酬合约可能是曲线或者其他任何形状；而现实中可以作为薪酬组成成分的金融工具（无论是股票还是期权），其支付结构只能是分段线性（piecewise linear）的，因此理论上完全有效的薪酬合约在现实中是不可能出现的。另一方面，本书所谈的高管薪酬“有效性”是指我国上市公司高管薪酬总体而言是否有效。无论如何，现实中“租金榨取观”在部分公司中必然存在，甚至可以说，现实中任何一家公司都存在一定程度的治理问题。因此本书的研究只能说明就市场整体而言，“股东价值观”和“租金榨取观”究竟哪一种解释在现实中占主导地位。

第四，由于本书对高管薪酬“有效性”的定义是站在公司股东的角度出发的，并不意味着对其他研究主体同样有效。例如在本书的研究范式下，有效的高管薪酬并不意味着社会整体福利最大化，因为政府可能更关心收入分配的公平性问题。有效的高管薪酬甚至会大大加剧社会收入分配的不平等，正是由于近 30 年来经理人薪酬的迅速上升，美国社会的不平等程度急剧增加（Piketty，2014）。但是，社会收入公平性问题可以借助其他再分配工具（例如累进制税率和遗产税等），没有必要过度干预初次分配、以损害市场效率和公司股东财富为代价来解决，而且此类问题已经不属于本书的研究范畴。

1.2.2 研究思路及结构安排

本书的研究思路如图 1-6 所示。

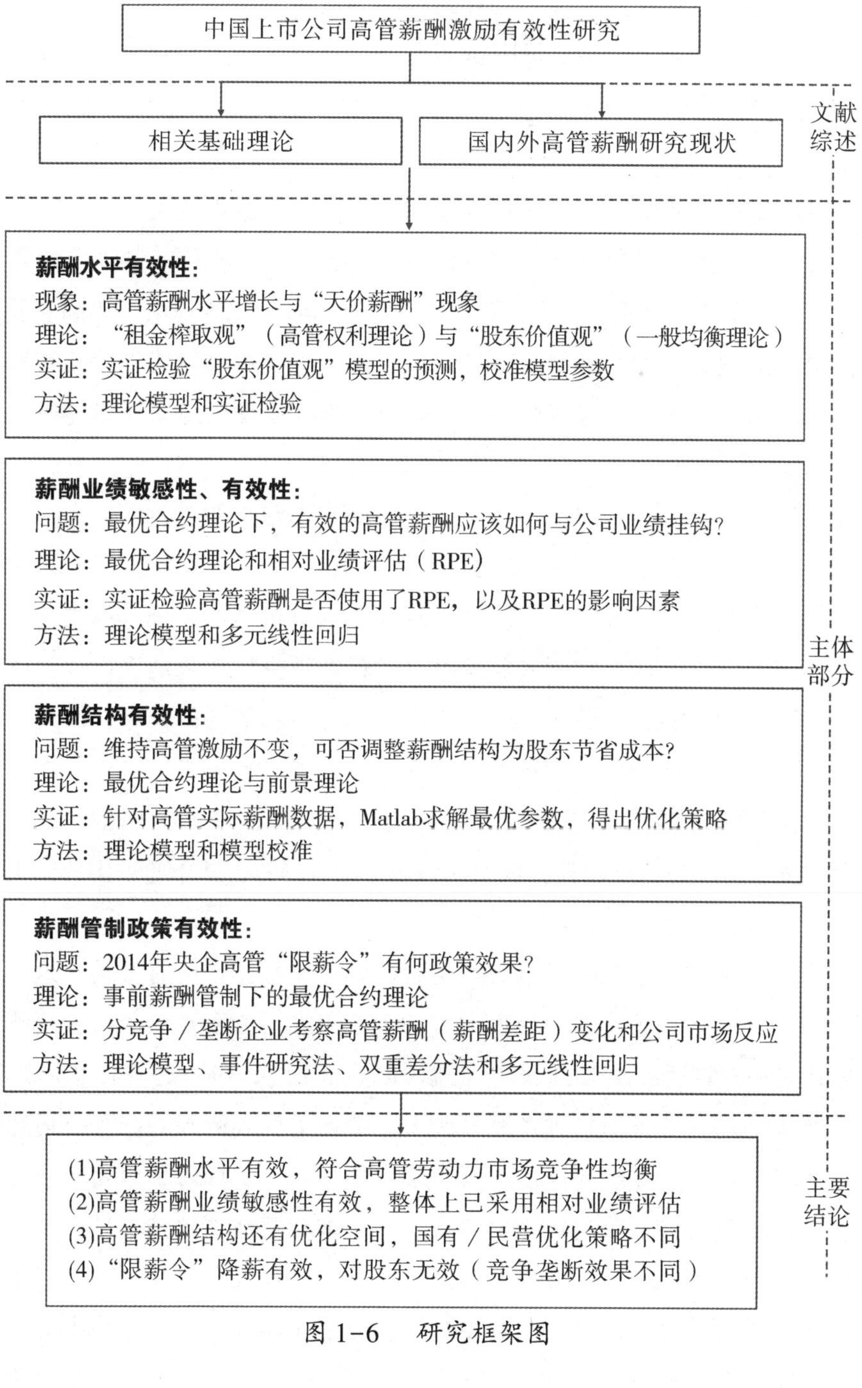
中国上市公司高管薪酬激励有效性研究
相关基础理论
国内外高管薪酬研究现状
文献综述
薪酬水平有效性：
现象：高管薪酬水平增长与“天价薪酬”现象
理论：“租金榨取观”（高管权利理论）与“股东价值观”（一般均衡理论）
实证：实证检验“股东价值观”模型的预测，校准模型参数
方法：理论模型和实证检验
薪酬业绩敏感性、有效性：
问题：最优合约理论下，有效的高管薪酬应该如何与公司业绩挂钩？
理论：最优合约理论和相对业绩评估（RPE）
实证：实证检验高管薪酬是否使用了RPE，以及RPE的影响因素
方法：理论模型和多元线性回归
薪酬结构有效性：
问题：维持高管激励不变，可否调整薪酬结构为股东节省成本？
理论：最优合约理论与前景理论
实证：针对高管实际薪酬数据，Matlab求解最优参数，得出优化策略
方法：理论模型和模型校准
薪酬管制政策有效性：
问题：2014年央企高管“限薪令”有何政策效果？
理论：事前薪酬管制下的最优合约理论
实证：分竞争/垄断企业考察高管薪酬（薪酬差距）变化和公司市场反应
方法：理论模型、事件研究法、双重差分法和多元线性回归
主体部分
(1)高管薪酬水平有效，符合高管劳动力市场竞争性均衡
(2)高管薪酬业绩敏感性有效，整体上已采用相对业绩评估
(3)高管薪酬结构还有优化空间，国有/民营优化策略不同
(4)“限薪令”降薪有效，对股东无效（竞争垄断效果不同）
主要结论

图 1-6 研究框架图

第一章引言梳理了中国高管薪酬的变迁历史、现状与问题，并由此引出了本书的四个重点研究问题，进而讨论了本研究的理论与现实意义。接下来对本书的主要研究对象进行了界定，交代了研究思路以及研究方法。最后对本书的主要创新点进行了总结。

第二章为文献综述。首先对金融经济学视角下的“最优合约理论”与“高管权力理论”，劳动经济学视角下的“人力资本理论”与“锦标赛理论”，以及非经济学视角下的“管家理论”和“社会比较理论”等高管薪酬的经典理论进行介绍。其次从高管薪酬水平、薪酬业绩敏感性、高管薪酬结构以及高管薪酬管制这四个方面对国内外现有的理论与实证研究进行了回顾与总结。

第三章旨在考察中国上市公司高管薪酬整体水平的有效性。本章基于2005—2016年上市公司高管实际薪酬数据，总结出高管薪酬整体分布呈现右偏态，即薪酬水平最高的那部分经理人获取了极高的薪酬，称之为经理人“超级明星”现象。接下来对经理人“超级明星”现象是否符合“股东价值观”展开讨论，构建了一个经理人劳动力市场的匹配模型，以此对不同企业间高管薪酬的巨大差异以及个别经理人的“超级明星”现象进行解释。最后利用高管实际薪酬数据对理论模型的预测进行实证检验，分析“股东价值观”和“租金榨取观”对该现象的解释力，基于此得出我国上市公司高管薪酬水平是否有效的结论。

第四章旨在考察中国上市公司高管薪酬业绩敏感性的有效性。这一章直接从基于“股东价值观”的最优合约理论出发，考察有效的高管薪酬应该如何与公司业绩挂钩的问题。根据 Hölmstrom（1979）的“信息原则”，本章在信息不对称下的代理模型基础上，引入了可观测到的同行公司业绩这一额外信号，推导出最优的高管薪酬合约形式，发现薪酬应当与公司业绩中过滤掉同行参照公司业绩的部分挂钩，即相对业绩评估。进一步利用现实数据进行实证检验，考察上市公司在制定经理人薪酬合约时是否采用了相对业绩评估标准，以及影响相对业绩评估在经理人薪酬合约中运用的主要因素，基于此得出我国上市公司高管薪酬业绩敏感性是否有效的结论。

第五章旨在考察中国上市公司高管薪酬结构的有效性，即货币性薪酬、股票以及期权等组成部分在薪酬合约中的有效配置问题。具体而言，本章考察能否在不影响当前高管激励的情况下，通过调整高管薪酬结构，设计出对股东而言更节省成本的薪酬合约。如果可以，那么当前的高管薪酬结构必然是无效的；如果不能，则还需要进一步分析现有的激励机制是否已经达到最优，即还需考察现有薪酬合约是否是全局最优。为了使模型更符合现实，本章根据国有和民营企业经理人的不同属性，分别设定了风险厌恶型和损失厌恶型的经理人效用函数，并分别推导出最优合约的理论解。接下来基于 2016 年上市公司高管薪酬实际数据进行模型校准，考察现有的薪酬合约是否还有优化的空间，以及具体的优化方案，基于此得出我国上市公司高管薪酬结构是否有效的结论。

第六章考察 2014 年《中央管理企业负责人薪酬制度改革方案》（“限薪令”）的有效性。首先构造理论模型分析外生的薪酬管制如何通过影响经理人才能和努力程度进而影响公司价值，并分析了竞争性和垄断性企业可能受到的不同影响。接下来对理论模型的推论进行实证检验：利用双重差分法评估“限薪令”对高管薪酬水平以及企业内部薪酬差距的实际效果，利用事件研究法考察公司股价对“限薪令”的反应，并进一步考察“限薪令”影响公司价值的内在机制，基于此得出我国上市公司高管薪酬管制政策是否有效的结论。

第七章对全文研究成果进行了总结，并讨论了本书研究的局限性和不足之处，最后为未来的研究指明了方向。

1.2.3 研究方法

1.2.3.1 文献回顾

高管薪酬作为公司金融中最重要的研究领域之一，截至目前已经积累了大量的研究成果。为厘清高管激励理论与实践的发展脉络，本书对这些文献进行回顾。首先回顾了最优合约理论、高管权力理论、人力资本理论、锦标赛理论、管家理论和社会比较理论等与高管薪酬相关的经典研究，在此基础上，整理了大量国内外关于高管薪酬水平、薪酬业绩敏感性、高管薪酬结构以及薪酬管制的文献。国外的研究起步较早并且目前已经发展得较为成熟，为本书针对中国问题的研究奠定了理论基础。但是，中国上市公司与国外完全市场化的环境有所差异，本书通过国内学者的研究总结出关键差异点，在国外研究的基础上加入中国资本市场与经济制度的特殊性，期望针对中国问题做出符合中国现实的研究。

1.2.3.2　理论模型分析

高管薪酬是公司金融领域最受关注的研究话题之一，学术界和业界关于高管薪酬的讨论涉及经济金融的各个领域，本书在对我国上市公司高管薪酬进行系统性研究时，重点采用了理论分析和模型构建的研究方法，对高管薪酬进行了“规范性分析”，即回答了对股东而言，有效的高管薪酬合约“应该是”什么样的问题。

首先，高管薪酬本质上是公司股东和经理人签订的一份支付合约，以促使作为代理人的高管做出有利于委托人（股东）的公司决策，属于合约理论的重要研究对象。在委托代理框架下，公司所有者（股东）与实际经营者（高管）签订一份高管薪酬合约，以尽可能减少股东与高管之间的利益冲突，实现公司价值最大化的目标。本书第四到六章的理论模型都是基于这个分析框架进行构建的，在传统代理模型的基础上，分别引入可观测的同行企业公司业绩作为额外信号、根据经理人风险偏好态度设定效用函数的具体形式，以及施加事前的薪酬上限作为约束条件对模型进行修正。

其次，高管薪酬水平也属于劳动经济学的研究范畴。与普通员工类似，高管薪酬水平也同样是由高管劳动力市场中的供给和需求共同决定的。但是，与普通员工劳动力市场不同的是，高管作为才能极高的一部分劳动者，不再满足普通员工劳动力市场的劳动力同质性假设，因此不同个体之间的才能差异会显著地影响其薪酬水平。本书第三章聚焦于高管人力资本，构建了一个高管劳动力市场的正向匹配模型，并推导了模型的一般均衡条件，为现实中大幅的高管薪酬差距进行了理论层面的解释。

最后，本书还涉及一系列其他相关理论。例如，高管薪酬激励机制也是公司治理理论的重点关注对象，当公司面临较为严重的治理缺陷时，如高管权力过大或缺乏合理监督机制，高管薪酬不再由公司董事会制定，而是由高管出于个人利益最大化的考虑为自己制定的，因此薪酬水平过高且激励效果十分有限。此外，高管薪酬水平以及高管与公司普通员工之间的薪酬差距，引发了社会各界关于收入分配公平性的担忧，过高的高管薪酬可能大大加剧社会收入分配的不平等，因此高管薪酬合约的设计是否应当兼顾社会公平性问题也是近年来各国学者与政策制定者讨论的重要话题。

1.2.3.3 实证研究

基于理论模型的分析与预测，本书利用 2005—2016 年中国全部 A 股上市公司高管薪酬、公司财务与治理数据，采用模型校准、多元回归分析、双重差分法以及事件研究法等多种实证分析方法，对理论模型的结论进行实证检验，以回答现实中的高管薪酬合约“是什么”的问题，并与理论模型的预测进行对比以考察现实高管薪酬合约是否真的有效。

第三章对全样本公司高管薪酬进行了全面细致的描述性统计，总结出我国高管薪酬整体水平的变化趋势以及不同企业间高管薪酬的差距，进一步对理论模型的“横截面预测”和“时间序列预测”进行检验，并具体估计出模型的相关参数，以考察理论模型对现实的解释力。

第四章利用多元回归分析对理论模型提出的相对业绩评估进行了系统性检验，发现整体而言我国上市公司在制定高管薪酬时已经使用了相对业绩评估；进一步根据时间跨度和行业属性进行分样本检验，发现相对业绩评估主要集中于 2009—2016 年间和制造业类上市公司；此外设置了交互项考察了行业竞争度、企业所有权性质、公司治理等因素对相对业绩评估的边际影响，以及相对业绩评估的不对称性。

第五章根据理论模型的估计策略，利用 Matlab 软件逐一对每位高管求解最优薪酬合约的具体参数。首先针对 1067 位上市公司高管，基于历史薪酬和公司信息整理了 2016 年的实际货币薪酬、持股比例、期权比例以及期权信息（执行价、到期日等）、个人财富、股价波动率和公司市值等数据。在此基础上，对 303 位国有企业高管设定风险厌恶型效用函数，对 675 位民营企业高管设定损失厌恶型效用函数，逐一利用 Matlab 程序寻找模型最优解，以得出每位经理人最优合约的参数（最优货币薪酬、最优持股比例以及最优期权比例），将最优合约和实际合约进行对比，考察通过薪酬结构调整能够为公司股东节省的薪酬成本。

第六章首先将2014年“限薪令”视为一项准自然实验，利用双重差分法考察“限薪令”的实际效果，发现“限薪令”显著降低了国有企业（尤其是中央国有企业）高管薪酬水平以及高管与普通员工的薪酬差距。基于“限薪令”出台的五个关键时间点，利用事件研究法考察受影响企业股价的累积异常收益（CAR），以识别出公司个体对“限薪令”的市场反应。最后以累积异常收益为因变量，考察导致市场反应横截面差异的影响因素。

1.3 本书的创新点

1.3.1 基于理论模型分析现象背后的一般经济学规律

高管薪酬作为一份股东与经理人之间签订的合约，属于合约理论的研究范畴。但是近年来国内关于高管薪酬的文献大多以实证研究为主，尽管这类研究发现了一些有趣的现象，诸如不同公司经理人薪酬差异较大，薪酬业绩敏感性不对称等等，但是大多数研究仍然聚焦于高管薪酬对公司业绩和其他公司治理变量的影响，目前尚未得出一致的结论。这类研究普遍存在较为严重的内生性问题：激励理论要求高管薪酬与公司业绩挂钩，因此公司业绩是高管薪酬的重要决定因素；委托代理理论意味着公司治理本身也会影响高管薪酬的制定过程；与此同时，有效的高管薪酬又能激励经理人，提升公司业绩和长期股东财富，因此公司业绩、公司治理与高管薪酬之间互相影响，三者都是模型内生决定的变量。内生性问题导致实证检验的结果存在严重的偏误，因而难以得出一致的结论并缺乏可信度。常用的控制内生性的方法，如工具变量法、准自然实验、断点回归等方法在高管薪酬领域又难以适用，一方面很难找到合适的高管薪酬的工具变量（孔东民等学者2017年的研究基于个人所得税税率调整构建了高管薪酬的工具变量，可能为未来的研究提供了新的思路），另一方面高管薪酬的外生冲击很少，难以构造准自然实验（本书第六章以 2014 年"限薪令"构造了准自然实验，但该政策只针对国有企业高管）。近 10 年间，公司金融领域中的董事会结构、机构投资者等研究主题都随着因果识别策略的引入发展迅速①，但是难以解决的内生性问题一直以来都是高管薪酬领域发展的重要障碍。本书回到高管薪酬问题的源头，综合劳动经济学一般均衡理论、最优合约理论以及行为金融学前景理论等经典理论，以理论模型的构建和推演为研究侧重点，并以大样本实证检验和模型校准为理论模型提供佐证，既能够从源头上避免纯实证回归的内生性问题，又增强了研究结论的理论与实践意义。虽然本书构建的理论模型还不够成熟，但为我国高管薪酬这一研究领域提供了新的角度：即基于现实数据总结现象，寻找现象背后的经济学本质，并对传统理论进行扩展与突破，以期对观测到的现象进行一般规律的总结。

1.3.2 执行长跨度全样本的相对业绩评估系统性检验

本书实证研究部分基本覆盖了目前可得的全部数据，研究对象为 2005—2016 年全部 A 股上市公司，并进一步根据时间段和行业属性进行了分样本检验，因此得到了全面性和系统性较强的研究结论。目前国内关于相对业绩评估的文献还比较匮乏，早期的研究大多针对 2006 年之前的样本，基本没有发现相对业绩评估的证据（肖继辉，2005；高义，2006；郭福春，2006；周宏和张巍，2010）；近期的少数研究发现了相对业绩评估的微弱证据（周宏等，2014）。本书基于大样本优势，对相对业绩评估在我国上市公司的应用进行了系统性检验，发现现有研究之所以难以得出一致的研究结果，主要在于样本期间、企业所处行业属性、企业所有权性质、公司业绩

① 关于董事会结构的研究中，国内外均出台了对独立董事比例的外生要求，学者们基于这一外生政策冲击构建了工具变量和准自然实验（Armstrong et al.，2014；梁权熙和曾海舰，2016）；关于机构投资者的研究中，有学者根据 Russel 100/200 指数分界点构造断点回归的识别策略（Crane et al.，2016；Appel et al.，2016）。

指标（会计指标和市场指标）以及强式与弱式相对业绩评估等方面的选择存在差异。本书的研究对相对业绩评估这一目前不甚成熟的研究领域进行了补充，也对现有研究得出的争议性结论进行了解释，更为未来该领域的研究，诸如行业竞争度、寡头垄断策略以及机构共同持股将如何影响相对业绩评估的理论分析与实证检验等，提供了思路。

1.3.3 融合心理学前景理论刻画更符合现实的经理人效用函数

近30年来学者们沿袭Hölmstrom（1979）的经典模型，对高管薪酬进行了诸多理论与实证的探索，也发现了一些实际高管薪酬与传统理论不一致的现象。例如，股票期权作为薪酬的组成成分，风险分散的公司产生的实际成本远远大于风险厌恶型的经理人对期权的估价，Murphy（2003）利用美国数据测算的期权折价率高达50%，为何现实中各国公司依然积极授予其经理人股票期权呢？一部分学者将这一现象归咎于较弱的公司治理，但另一方面也可能是传统的理论模型不能完全刻画现实情形。本书通过对传统理论模型进行修正，解释了这一现象，补充了该领域的研究成果。随着金融学与心理学学科交叉的深入，行为金融学取得了迅速的发展，学者们发现现实中的人类行为存在诸多有悖于经典理性人假设的地方，忽略这些人性因素会造成理论结果与实际现象的明显偏差。本书将行为金融学中的“前景理论”纳入传统委托代理模型，“前景理论”有效解释了现实观测到的“禀赋效应”，即人们在趋利和避害时的权衡方式是不同的，损失带来的影响远大于相同数量的盈利。本书构建了“前景理论”下的经理人损失厌恶型效用函数，以实现对现实情况的更优拟合，并进一步用实际数据分别对风险厌恶型和损失厌恶型的经理人最优薪酬结构进行模型校准，发现对于损失厌恶型的经理人，最优薪酬合约中应该包含正的股票期权，即薪酬激励合约呈现凸性；而风险厌恶型经理人最优合约中则不含有股票期权。因此，本书从行为金融学的角度，通过对经理人效用函数进行更为符合现实情况的修正，解释了现实中股票期权在经理人薪酬中的应用。

1.3.4 提出事件研究法评估薪酬管制经济效果的思路

国内考察“限薪令”这类政策冲击的文献大多是通过多元回归、双重差分等方法，考察“限薪令”对实际薪酬或其他公司财务指标的影响。本书参照国外“萨班斯-奥克斯利法案”（Sarbanes-Oxley Act，2002），“薪酬话语权投票”（say-on-pay，2010）等管制政策的评估方法，提出基于事件研究法来评估管制政策经济效果的新思路，丰富了市场层面的管制对公司价值影响的文献。目前，事件研究法在国内基本只应用于公司层面宣告（包括盈余公告、分红公告、兼并收购宣告以及各类公司丑闻）对公司股价的影响，鲜有研究考察宏观政策的市场反应。本书率先将事件研究法应用于管制政策效果的评估，基于一系列“限薪令”推进的时间点，选取了五个披露实质性信息的事件日，计算出受影响企业股价的市场反应，发现“限薪令”对竞争性国企与保护性国企产生完全不同的影响，竞争性国企的累积异常收益显著为负，而保护性国企则未受到显著影响。并且，根据双重差分法考察“限薪令”对公司财务业绩的影响得出了一致的结论，证实了本书提出的事件研究法评估政策效果的稳健性。此外事件研究法的另一优势在于，基于测算出的累计异常收益，还可以考察关键性影响因素，本书从治理环境与市场环境的角度分析了不同公司市场反应的横截面差异，识别出“限薪令”可能通过降低高管激励与损失优质高管两个渠道影响公司价值。

1.3.5 基于企业类别构建差异化的高管薪酬激励体系

本书的研究充分考虑到市场机制和政府干预在我国不同类型企业中的不同作用，分国有企业和民营企业分别考察了高管薪酬契约的有效性。本书第四章的研究结论显示：单看高管薪酬业绩敏感性，国有企业高管薪酬契约相比于民营企业而言更加看重业绩；但是就相对业绩评估而言，国有企业在制定高管薪酬时，较少采用相对业绩评估。由此可见，国有企业高管薪酬显示出更高的薪酬业绩敏感性，可能是由于国有企业负责人薪酬受到更为严格的政策管制以及更大的媒体和舆论压力，而非企业董事会主动选择的结果，当考察更加隐性的相对业绩评估时，民营企业呈现出更加有效的薪酬定价机制。本书第五章发现民营和国有企业经理人最优薪酬结构的差异，国有企业高管应该采用货币与股票型的薪酬激励，避免成本较高的期权；但对于民营企业高管，应该增加期权的使用，以促使损失厌恶型经理人做出有利于公司长期价值的投资决策。本书第六章虽然只针对国有企业，但发现薪酬管制对处于竞争和保护性行业的央企产生了不同的影响：不同于处于保护性行业的央企，竞争性央企以利润最大化为目的参与市场竞争，若其高管薪酬受到政府行政干预与约束，往往难以充分激励高管提升企业价值。

1.3.6 为公司董事会和国家监管部门提供理论指导与政策建议

关于我国高管薪酬差距明显，高管薪酬与公司业绩脱钩，股权激励发展迟缓以及国有企业高管薪酬管制失效等问题，“租金榨取观”将其归因于公司治理的缺陷与市场机制的失灵，认为高管薪酬整体水平过高并且缺乏激励效果。依据该观点，世界各国纷纷出台了管制高管薪酬的相关法规，例如美国证监会在2006年出台了增强高管薪酬披露机制的政策，在2010年出台了“多德-弗兰克法案”（Dodd-Frank Act），法案规定高管薪酬必须由股东投票决定；欧盟也在2013年出台了限制银行家奖金上限的法规，并强制公司披露高管与普通员工薪酬水平的比值；我国在2009年和2014年也分别颁布了限制中央企业负责人薪酬水平、福利待遇和在职消费的相关法规。本书的研究从理论层面考察了以上现象的深层原因，发现现存的高管薪酬与传统代理模型预测不一致的地方，并不能简单归因于公司治理的缺陷，而是由于传统的代理模型忽略了一些高管薪酬的特性。通过对传统代理模做一些修正，充分考虑到高管薪酬制定过程的特殊性，可以得到与现实一致的预测。例如本书第三章发现，公司间经理人薪酬的差异是劳动力市场一般均衡的结果，少数企业经理人“超级明星”现象在一定程度上也是符合“股东价值观”的，对股东而言是有效的。在这种观点下，忽视其背后经济理论而过度强调收入分配公平性的政策将以损失效率为代价。本书第四章发现国有企业经理人由于管制和舆论压力，薪酬业绩敏感性较强，但却较少应用相对业绩评估这一对股东而言更为有效的定价机制，由此可见直接针对国有企业高管薪酬的详细管制可能只是治标不治本，不如从企业所有权的角度，推进国有企业混合所有制改革，引入市场机制来发挥作用。本书第五章的研究结果直接为企业董事会制定高管薪酬提供了理论指导，董事会应该根据高管个人风险偏好和企业目标，在货币薪酬、股票和期权等激励手段之间进行有效选择；与此同时，监管部门也需要进一步完善资本市场，为限制性股票和股票期权等股权激励工具的推进扫清障碍。第六章直接针对2014年央企负责人薪酬管制政策进行评估，发现对于竞争性央企，政府本身可能并不如市场了解最优薪酬水平如何，因此行政手段反而扭曲了市场激励导致公司价值受损；对于垄断性央企或其他国企，由于行业垄断地位与高管政治激励的存在，简单的薪酬限高也就无法通过改善其薪酬激励机制来提升企业价值，实现国有企业的保值增值目的。因此应该根据2015年《关于深化国有企业改革的指导意见》提出的“分类改革”“精准监管”的指导思想，剥离国有企业政策性负担、建立现代企业制度、完善公司治理，建立激励与约束相统一、权力与风险相匹配的国企高管薪酬制度，以期在企业内部形成有效的薪酬激励。

第二章　文献综述

2.1　高管薪酬的基础理论

一直以来，高管薪酬都是一个跨学科研究的重点领域，涉及经济学、金融学、会计学、社会学和法学等众多学科。其中金融经济学主要是在委托代理理论的分析框架下，考察高管薪酬的决定机制，以及高管薪酬与公司业绩、投资决策、资本结构等公司决策的关系。会计学主要考察各类财务指标和市场指标在决定高管薪酬中的有效性，以及基于财务业绩的高管薪酬是否会引发高管的盈余操纵行为。劳动经济学聚焦于经理人劳动力市场，考察市场供需关系、边际生产力等重要因素对高管薪酬激励、高管职业晋升与终止的影响。社会学与组织行为学从声誉机制和社会比较等非经济学视角，对高管薪酬及其激励效果进行研究。法学和产业组织学重点考察了一些行业管制政策对高管薪酬的影响，以及公司在制定高管薪酬时的策略性博弈行为。接下来本书对高管薪酬涉及的三类基础理论进行简要阐述，包括：金融经济学视角下的“最优合约理论”和“高管权力理论”，劳动经济学视角下的“人力资本理论”与“锦标赛理论”，以及非经济学视角下的“管家理论”和“社会比较理论”。

2.1.1 最优合约理论与高管权力理论

关于高管薪酬的学术研究主要集中于20世纪80年代，随着Jensen and Meckling（1976）正式提出的委托代理理论（principal-agent theory）被学术界广泛接受，委托代理理论在高管薪酬领域取得了迅速的发展，并逐渐形成了“最优合约理论”和“高管权力理论”两种重要理论。

委托代理问题的提出最早可以追溯到Berle and Means（1932），他们认为代理问题起源于企业所有权与控制权的分离。委托人和代理人追求的目标不一致，委托人作为企业所有者追求企业利润最大化，而代理人追求自身利益最大化。在信息不对称的情况下，委托人不能实现对代理人的完全监管，代理人追求个人利益而做出损害公司价值的行为。Jensen and Meckling（1976）指出两权分离将产生代理成本，其大小等于委托方自身经营企业所创造的利润与代理方经营企业所创造利润的差值，具体包括监督成本、守约成本以及剩余损失三种形式。

针对委托代理问题，如何设计一份有效的经理人薪酬合约以缓解委托代理问题、促使经理人以公司价值最大化为决策目标，成为“最优合约理论”的重点研究内容（Hölmstrom，1979；Hölmstrom，1982；Lazear and Rosen，1981；Grossman and Hart，1983）。Coase的《企业的性质》（1937）一文开创了合约理论的先河，现代人类社会就是由一系列合约搭建而成的，而企业就是一系列“默示”或“明示”合约的集合体。人类合作的障碍在于合约双（多）方存在利益冲突，因此合同必须被恰当地设计，以确保各方互惠互利。Hölmstrom（1979）用一个简单的模型展示了信息不对称情况下，风险中性的股东应该如何为风险厌恶型经理人设计最优的薪酬契约，以使经理人和股东的目标相一致。该文指出在理想情况下，如果股东能够以较低的成本实现完全信息监管，就能够采用固定薪酬模式并促使经理人执行理想的努力水平（即first-best solution）；然而，现实中要么观测途径不可得，要么付出的成本过大，此时要想降低代理成本必须制定符合激励相容与参与约束的合约形式，最优薪酬合约应该与公司绩效挂钩（second-best solution)，在提供激励的同时实现风险共担，这也是著名的“信息原则”(informativeness principle)。类似地，Jensen and Meckling（1976）也认为高管薪酬应当是基于绩效的，这样才能在经理人和股东之间建立一个有效的薪酬契约。接下来，学者们还考察了一系列其他因素的影响，如 Hölmstrom（1982）提出的“生涯关注模型”，在该模型中，员工不仅有薪资奖励，还有潜在的升职激励，升职激励可以作为薪资激励的替代，以缓解委托代理问题，这也解释了薪酬激励随着 CEO 职业生涯变化的现象。Hölmstrom and Milgrom（1991）将研究拓展到了更加现实的情境中，并提出了“多任务模型”；一个雇员的职责包括了多项不同的任务，其中一些任务是雇主难以去监督或奖励的。此时如果希望雇员在各项不同任务上的分配更加均衡，那么一个固定的、不依赖任何绩效指标的薪酬安排是最优的。以上的文献都属于完全合约的研究范畴，但是一个契约不可能明确未来所有可能情况下合约双方的权利和义务，由此产生了不完全合约。Grossman and Hart（1983；1986）重点关注不完全合约理论，提出了“剩余控制权”的概念，只要合约里没有完全明确的权力，拥有“剩余控制权”的一方都可以自行裁决，并且“剩余控制权”应该配置给对投资或总产出重要的一方。张维迎（2000）也认为授予经理人部分企业股权，可以实现企业“管理控制权”与“剩余索取权”的匹配，因此股权激励将使股东与高管利益目标趋同，是一种有利于公司的长远发展的激励机制。周其仁（1996）也提出类似“分成租合约”这样的制度安排，即由企业家和资本所有者分享企业经营的剩余，以充分激发企业家的才能。总而言之，在合约理论的框架下，高管薪酬中应该含有直接与公司业绩挂钩的激励部分，包括基于公司绩效的奖金、直接的股权激励甚至获取部分公司的剩余索取权。

同样基于委托代理问题，“高管权力理论”从经理人的角度，考虑外部约束机制较弱和高管个人权力过大时，经理人控制董事会为自己制定薪酬合约，该理论也被称为“堑壕理论”（entrenchment theory）或“经理人主义”(managerialism)，最早由 Berle and Means（1932）提出。在高管权力理论下，高管薪酬激励并不必然地会减轻代理问题，反而成为代理问题的一部分（Jensen et al.，2004）。Bebchuk and Fried 在《*Pay Without Performance*：

The Unfulfilled Promise of Executive Compensation》（2004）一书中对 CEO“租金榨取观”进行了全面的总结，他们认为 CEO 薪资的迅猛增长和他在董事会的影响力都是通过寻租得以实现的。CEO 对董事会和薪酬委员会产生了较大且不当的影响，导致 CEO 薪酬存在“过度支付”（excessive compensation）现象。在企业董会相对薄弱、外部股东不占据主导地位、高管拥有较多股权的情况下，高管很可能利用其权力影响薪酬的制定，而且高管权力越大，寻租自定薪酬的能力也就越强。“高管权力理论”的一个核心假设就是高管薪酬主要由公司规模决定，在这种情况下，高管可以获取一系列好处：例如通过扩张公司规模，高管可以获取更高的特权和声誉，即建造帝国（empire building）；此外，将高管薪酬与公司规模而非公司业绩挂钩，也会使得高管不必承担公司业绩下滑的风险（Kroll et al.，1993；Tosi et al.，2000）。更高的高管权力往往意味着更高的薪酬、更低的薪酬业绩敏感性以及更多的幸运薪酬（Core et al.，1999；Murphy，1999；Bertrand and Mullainathan，2001）。在高管权力理论下，高管为了追求更高的薪酬，利用其权力去控制董事会，超额薪酬部分反映了高管利用其权力影响薪酬制定过程的能力，因此超额薪酬实际上是榨取了一部分股东财富（Shleifer and Vishny，1989）。而良好的公司内部治理机制（例如增强董事会与薪酬委员会的独立性）和公司外部治理机制（例如公司控制权争夺市场，M&A）则有助于减少高管权力，进而降低高管的超额薪酬部分（Fama and Jensen，1983）。

2.1.2 人力资本理论与锦标赛理论

20 世纪 60 年代，美国经济学家 Schultz（1960）和 Becker（1962）创立了人力资本理论（Human Capital Theory），人力资本是指存在于人体之中的具有经济价值的知识、技能和体力等因素的总称。Castanias and Helfat（1991）首先将人力资本理论运用到高管薪酬定价中，他们认为更高的高管人力资本可以为公司带来可持续的比较优势与长期利润。高管的人力资本包括教育水平、工作经历、培训经历、任职期限、任职资格等有形的因素，同时也指一些无法与管理者自身情况脱离的无形人力资本价值，如高管需要敏锐的洞察力、驾驭全局的能力以及高智商、高情商等。由于高管的薪酬水平主要取决于其边际生产力，而人力资本是影响高管边际生产力的重要因素，因此通过考察高管的学历、工作经验、工作背景、任期等人力资本特征，就可以将不可衡量的才能转化成可以衡量的若干变量，从而为高管薪酬的制定提供标准和依据（Gomez-Mejia and Balkin，1992）。已经有一系列学者的研究支持了该观点：Fisher and Govindarajan（1992）发现教育水平和工作经验是高管薪酬的重要影响因素，Harris and Helfat（1997）考察了内部提升的高管、外部聘用高管以及来自其他行业的高管继任者的初始工资，发现来自其他行业的继任者获取了最高的薪酬，其次是外部聘用的继任者，他们将这一现象解释为来自行业外和公司外的高管具有更高的一般性技能，并且他们放弃原有公司的特质性技能和培养新的公司特质技能需要一定的风险补偿。

同样从经理人劳动力市场考察薪酬激励的还有“锦标赛理论”（tournament theory），Lazear and Rosen（1981）首次将该理论应用于高管薪酬问题，他们认为经理人薪酬水平主要取决于其在经理人劳动力市场的相对名次，而非绝对表现。Hölmstrom（1982）进一步指出当经理人是风险中性时，锦标赛形式的薪酬的确是更优的合约形式，而且锦标赛形式的高管薪酬与基于合约理论的薪酬相比，最重要的优势就是其简单性。锦标赛理论在现实中有两个应用：其一是公司内锦标赛，可以解释公司内部基于锦标赛的人员晋升规则，当某人的管理层级晋升一级时，其薪酬水平立即产生跳跃式增长，但是此人的个人能力和公司业绩都并未发生显著变化（Lazear and Rosen，1981；Rajgopal et al.，2006）；其二是行业内锦标赛，可用来解释行业内不同公司经理人的相对业绩评估，经理人之间薪酬水平的差距主要是由公司业绩在行业内的相对排名决定的，而非公司业绩的绝对差异（Coles et al.，2013）。高管薪酬的锦标赛理论对我国国有企业有重要意义，国资委作为我国国有企业的控股股东，对于其管辖的众多企业存在严重的信息劣势。加之国有企业在不充分的市场竞争下，企业业绩在衡量国企高管的才能与努力上都存在较大的“噪音”，因此国资委难以基于合约理论为国企高管设计有效的激励合约。此时，锦标赛形式的薪酬激励由于其客观性、低执行成本与强激励效果等优势在我国国有企业中被广泛应用（王珺，2001；周权雄和朱卫平，2010）。

2.1.3 管家理论与社会比较理论

与基于“理性人”假设下的委托代理理论相反，管家理论（stewardship theory）是基于“社会人”假设提出的。管家理论的代表性学者有 Davis et al.（1997）以及 Eisenhardt and Martin（2000），他们认为现实中存在一类高管人员，他们不是以实现个人利益最大化为目标，而是以实现个人成就为目的，包括他人对自己的认同以及成功完成工作目标带来的内在满足感等，因此高管与股东的目标是一致的。在管家理论下，高管人员会像负责任的管家一样妥善管理他所受托管的资产，不会为了追逐私人利益而做金钱至上的机会主义者。并且随着高管任职时间的增加，其对组织的认同度也越来越高，更倾向于将企业目标和利益作为自己的目标。因此在这种情况下，对高管进行激励的有效机制不再是货币性薪酬，而是认同、声誉以及自我实现等精神因素。

同样在“社会人”假设下讨论组织内部收入分配的还有社会比较理论，该理论由公平性理论（equity theory）和相对剥削理论组成（relative deprivation theory）。公平性理论是指人们在社交关系中相信个人回报应该根据贡献程度来分配，当人们认为自己的投入（如努力和技能）产出（如报酬）比与其他参照个体的投入产出比接近时，就会认同分配机制的公平性（Adams，1965；Walster and Berscheid，1978）。雇员对公司分配公平性的感知会影响其工作的态度和行为，例如：Oldham et al.（1986）考察了收入分配公平性对提高雇员工作满意度的影响，Dittrich and Carrell（1979）考察了分配公平性与雇员懈怠和旷工行为的关系，Telly et al.（1971）考察了组织内收入分配公平性对员工离职率的影响。公平性理论通常考察组织内同一层级的成员，而相对剥削理论主要考察低层级成员与高层级成员之间的向上比较。当组织中相对低层级成员在与高层级成员进行比较时，认为自己实际收入低于应得的收入，则会产生被剥削的感觉（Martin，1979）。这种被剥削和不公平的感觉会导致组织成员对待工作产生沮丧的情绪，怠工、罢工甚至暴力反抗（Crosby，1984）。在社会比较理论下，公司董事会在制定经理人薪酬时，还应当考虑经理人薪酬对其他层级员工的影响，以及企业内部薪酬等级制度对雇员行为的影响，过高的经理人薪酬或者过大的内部薪酬差距都会增加组织内成员的不公平感与被剥削感，进而损害公司的整体效率。

2.2 高管薪酬水平的相关观点

2.2.1 基于高管权力理论的“租金榨取观”

近年来，CEO 薪酬水平的迅速增长引起了学者们的质疑。就美国标普 500 公司的 CEO 而言，其平均薪酬水平在 2013 年高达 960 万美元，相比 1980 年水平增长了近 6 倍。与此形成鲜明对比的是，公司普通员工的平均薪酬水平在这三十年间增长十分缓慢，这导致 CEO 与普通员工薪酬水平的差距急剧增大。1980 年，美国 CEO 平均薪酬水平大约是普通员工平均薪酬水平的 40 倍，但这一比例在 2013 年迅速上升到 350 倍（Piketty，2014）。虽然我国的社会收入分配差距不如美国悬殊，但也出现了类似的现象，近十多年间，公司普通员工的工资增长十分缓慢，但上市公司高管平均薪酬也从 2005 年 23 万元上升到 2015 年 79 万元，增幅高达 243%。Bebchuk and Fried（2004）提出用“租金榨取观”来解释这些现象，该理论认为 CEO 通过不断提升对董事会的控制能力，并以牺牲公司员工和股东利益为代价，从公司榨取了更多的租金收入，从而导致薪酬不断提高。基于高管权力理论下的“租金榨取观”，学者们进行了一系列实证研究，例如 Murphy（1999）发现大公司 CEO 明显获得了远高于小公司 CEO 的薪酬，并且大公司 CEO 的薪酬业绩敏感性更低，这可能是由于大公司中代理问题更严重。

还有一些学者直接考察了高管权力和高管业绩之间的关系，Core et al.（1999）的研究发现规模越大的董事会其决策及控制的效率就越低，CEO 就越可能控制董事会，因而董事会规模对 CEO 薪酬有正向的影响作用。Grinstein and Hribar（2004）发现权力更大的 CEO 更倾向于向规模更大的目标公司发起并购，并因此获取了更高的奖金，而这类并购实际并未取得更高的收益。Bebchuck et al.（2011）证实了当公司 CEO 薪酬与全体高管平均薪酬的差距越大时，公司市场价值越低、经营绩效越差、并购宣告的市场反应也越差，证明 CEO 权力与公司价值是负相关的。

国内学者主要从实证的角度，考察高管薪酬的具体影响因素。例如李增泉（2000）利用 1998 年上市公司高管薪酬数据，发现高管薪酬与企业绩效不相关，但是与企业规模密切相关，并且不同地区的企业经理人薪酬也表现出明显的差异，华南地区经理人薪酬高于华中地区。魏刚（2000）指出我国上市公司高管薪酬存在明显的行业差异，其中金融业高管薪酬最高，并且接近一半的公司存在高管“零薪酬”现象，报酬形式较为单一。卢锐和魏明海（2008）较早将高管权力理论下的“租金榨取观”引入中国，他们指出我国正处于市场化经济转型的过程中，内部人控制问题的存在极有可能导致高管滥用权力自定薪酬，必须加强公司治理以及薪酬激励信息的披露。权小锋等（2010）考察了国有企业经理人权力与薪酬之间的关系，发现经理人权力越大，其获取的私有收益就越高，支持了“租金榨取观”的结果。唐松和孙铮（2014）发现无论在国有企业还是民营企业，有政治关联的高管都获得了更高的薪酬，但对国有企业而言，这是有损于企业未来绩效的经理人寻租行为。

2.2.2 基于最优合约理论的“股东价值观”

以 Bebchuk and Fried（2004）为代表的“租金榨取观”在理论与实证上也受到了众多学者的质疑。例如 Hölmstrom（2004）指出高管薪酬的快速增长是近年出现的新现象，但是与此同时我们也目睹了各类市场制度日趋完善下公司治理环境的改善与 CEO 权力的减弱。此外，对于家族企业和股权较为离散的企业，CEO 权力在这两类企业中差异较大，但 CEO 薪酬却呈现出相似的变化趋势。更为重要的是，各类与理论模型预测不一致的现象不能简单归咎于 CEO 制定了自己的薪酬，也可能是传统的理论模型不能完全刻画复杂的现实情况。因此，学界涌现出一批从改进传统代理模型的角度来解释当前 CEO 薪酬合理性的研究，包括 CEO 人力资本定价模型、竞争分配模型等等。

2.2.2.1 人力资本定价模型

这一类理论模型将 CEO 的人力资本作为公司生产要素之一，与物质资本和普通劳动力一同决定公司的生产函数。其中最具代表性的是 Lucas（1979）的理论模型，考察对于拥有某种人力资本的 CEO，如何选择公司资本和普通劳动力的数量来最大化公司利润。该模型的一阶条件指出，最优条件下，公司价值、物质资本和普通劳动力都是 CEO 才能的线性函数，即一个才能更高的 CEO 应当经营一家规模更大的公司。与此同时，更高的 CEO 才能也意味着均衡水平下更高的边际产出，即更高的薪酬水平。在学术界，CEO 薪酬与公司规模之间的正相关关系已经取得广泛的认可（Baker et al.，1988；Barro and Barro，1990）。随后，Murphy and Zabojnik（2004）与 Frydman（2005）又提出了另一种基于 CEO 人力资本解释薪酬增长的理论。他们认为，近年来随着监管体系的健全与市场竞争的深入，相比于仅适用于公司特质的人力资本而言，CEO 可转换的人力资本更为重要，也就是说 CEO 跳槽的交易成本大大减少，而外在雇佣机会的增加直接导致了 CEO 薪酬水平的迅速增长。在 Murphy and Zabojnik（2004）的理论模型中，CEO 薪酬水平是由于市场竞争与 CEO 才能的可转换程度决定的，当一般性管理才能变得更为重要时，CEO 薪酬水平提高的同时，公司会更加倾向于雇佣外在职业经理人而非从企业内部进行培养。此外，Giannetti（2011）指出由于可转换的人力资本重要性的提升，CEO 离职的可能性增强，这会导致 CEO 选择短期项目而非长期项目进行投资，以此增强个人才能在外部市场上吸引信号，为了阻止这类 CEO 短视行为，股东必须支付给 CEO 一定的薪酬溢价，进而导致了更高的 CEO 薪酬水平。实证角度，Falato（2006）分析了美国 1993—2005 年间的 2055 个 CEO 替换样本，认为劳动力市场中 CEO 管理才能的竞争是 CEO 薪酬上升的主要原因。他们指出美国近几十年来，由于经济的上升势头，其他诸如律师、基金经理等薪酬的增长已高过 CEO 薪酬的增长，CEO 薪酬上升的背后是与 CEO 同一层次人群的工资的总体上升，强调薪酬水平是由市场力量的驱使，而非管理者权力的结果。

2.2.2.2 竞争分配模型

Terviö（2008）建立了一个竞争市场下的匹配模型，从 CEO 薪酬和公司规模的联合分布中推导出 CEO 才能的分布，由此量化计算出 CEO 才能与公司规模对于 CEO 薪酬的影响。类似的，Gabaix and Landier（2008）刻画了一个无激励问题的分配模型，CEO 薪酬只包含对其人力资本的定价，不包含对风险与努力的回报。均衡状态下，才能最高的 CEO 受雇于规模最大的企业，因此 CEO 薪酬既与所在公司的规模正相关，也与整体行业平均公司规模正相关。他们进行实证检验发现 1980 年以来美国 CEO 薪酬的增长可以完全归因于公司规模的扩大。此外，针对 Rosen（1981）提出的经理人“超级明星”效应，即极小部分的明星 CEO 享有极高的报酬，部分学者也从理论模型的角度给出了解释。如 Rosen（1990）认为这种超级明星现象出现体育、文艺、商业等各个领域，而所有这些现象的两个共同因素是：一是个人报酬与市场规模相关；二是市场规模和个人报酬的分布都向高层次的、最有能力的人群倾斜。此外，Gabaix and Landier（2008）借鉴“极值理论”（extreme value theory，EVT）得到 CEO 能力差异的广义帕累托分布，并求出均衡薪酬的表达式。虽然 CEO 才能的分布存在上界，但是均衡工资不存在上界。根据匹配原则，当规模最大的公司雇佣能力最强的 CEO 时，该 CEO 的才能显得极其重要，因此必须赋予他极高水平的工资。这类竞争分配模型指出 CEO 的高薪主要是源于管理者才能的稀缺、公司规模的差异、以及市场竞争的力量。

2.2.2.3 其他因素

还有一些学者从其他角度考察了 CEO 薪酬增长的原因。Cao and wang（2008）从理论与实证的角度证实了宏观经济的增长与公司特质因素共同决定了 CEO 薪酬的增长。Marin and Verdier（2012）认为国际贸易导致外国公司也加入对优质高管人才的竞争之中，对高管人力资本需求的增加推高了高管薪酬水平。Garicano and Rossi-Hansberg（2006）认为由于近年来信息技术的发展（如 email 等），CEO 可以将日常生产工作交给更低层的管理者，使自己专注于获取知识与解决问题等更高级的任务形式，这导致了 CEO 薪酬的增长。此外，Hayes and Schaefer（2009）的研究从全新的角度对 CEO 薪酬增长给出了解释，他们指出，如果市场基于 CEO 的薪酬推断其生产力，那么公司为了提高市场对本公司的估值，倾向于提高 CEO 工资。这就会导致“乌比冈湖效应”（Lake Wobegon Effect），即所有公司都希望给本公司 CEO 支付高于市场平均水平的工资，因此会提高整体的 CEO 薪酬水平。

2.3 高管薪酬业绩敏感性

2.3.1 薪酬业绩敏感性及其影响因素

最优合约理论认为公司高管薪酬应当与公司业绩挂钩，这样才能使高管做出有利于股东利益的决策。Murphy（1985）与 Coughlan and Schmidt（1985）等学者发现高管薪酬的变化与公司绩效的变化是正相关的，高管薪酬随公司营业收入的增加而增加。Lambert and Larcker（1987）、Sloan（1993）通过检验高管薪酬对公司财务业绩和股价回报的敏感性，发现公司业绩的提升能带来更高的高管薪酬，证明了公司业绩与高管现金报酬具有正相关性。然而，更多的学者指出现实中高管薪酬与公司业绩的相关性还太弱，不足以为 CEO 提供足够的激励。Taussig and Barker（1925）作为高管薪酬业绩敏感性领域的早期研究者，认为高管薪酬与公司业绩之间的相关性很小。Jensen and Murphy（1990）剖析了美国公司股东财富对 CEO 薪酬变动的边际影响，发现股东价值每下降 1000 美元，CEO 薪酬只下降 3.25 美元，说明 CEO 薪酬发挥激励的作用非常微弱。他们还进一步指出这种 CEO 薪酬与公司业绩之间的敏感性随着公司规模的增加而显著下降。

针对大公司 CEO 薪酬业绩敏感性较弱这一现象，学者们也从各种角度进行了解释。例如 Bebchuk and Fried（2004）从公司治理与 CEO 权力寻租的角度指出，大公司往往治理较难，因此权力过大的 CEO 为自己设定敏感性较低的薪酬合约，以减少因公司业绩下滑带来的个人损失。与“租金榨取观”相反，Haubrich（1994）与 He（2012）通过对 CEO 个人效用函数的假设，解释了为何现实中的高管薪酬普遍具有较低的薪酬业绩敏感性。他们认为，如果 CEO 是风险厌恶型而非风险中性型的，对于规模越大的公司，股权激励的风险也相应越大，因此最优薪酬结构中股权成分随公司规模递减，薪酬业绩敏感性也相应降低。此外，Gervais et al.（2007）从行为金融学的角度给出了解释，他们认为管理者存在过度自信，一个理性的管理者可能会拒绝一个风险项目，但过度自信的管理者会高估项目收益，因此即使只给高管较低的激励，过度自信的管理者也会进行充分地风险投资。

在我国，学者们基于上市公司数据进行了大量关于高管薪酬对公司业绩敏感性的实证研究。从整体趋势上来看，早期研究表明我国上市公司高管薪酬业绩敏感性很低，如魏刚（2000）发现高管货币收入与股权都很低，高管薪酬与公司业绩之间无简单线性关系；Firth et al.（2006）发现国有控股公司经理人薪酬与经营业绩之间的相关性很小。但学者研究也显示，近年来我国上市公司高管薪酬与公司业绩之间的敏感性也呈现上升趋势。例如：杜兴强与王丽华（2007）发现高管薪酬与公司 Tobin's Q 前后两期的差值呈正相关系；方军雄（2009）发现，2001 年至 2007 年间高管薪酬的业绩敏感性呈上升趋势，表明我国上市公司已建立起业绩型薪酬，但存在较为严重的不对称特征或尺蠖效应；杨青等（2012）基于 2005—2008 年上市公司数据，发现我国 CEO 薪酬激励不足问题已部分缓解，CEO 薪酬激励已初步与公司业绩挂钩。陈胜蓝和卢锐（2012）以 2002—2009 年中国上市公司为样本，发现股权分置改革显著提高了上市公司高管薪酬业绩敏感性，并且非国有控制公司中这种提高效应更加明显。但是他们也发现剔除盈余管理对提升薪酬的影响后，高管薪酬业绩敏感性显著提高的现象消失了。

关于我国高管薪酬业绩敏感性的影响因素，学者们主要从股权结构、公司治理和市场化三方面进行考察。

2.3.1.1　企业所有权

一般认为，由于非国有企业更加以利润为导向，非国有企业中高管薪酬业绩敏感度应该比国有企业高（陈胜蓝和卢锐，2012；陈运森和谢德仁，2012）。但是，姜付秀等（2014）的实证研究发现与传统观念不同的是，国有企业经理人契约较非国有企业而言更看重公司的绩效，国有企业经理人的薪酬与会计绩效、解职与会计绩效的敏感性均高于非国有企业，他们认为这是由于国有企业对经理人有显性业绩要求，并且其经理人受到更强的社会监督，以及有更弱的掏空动机。

2.3.1.2　公司治理

就内部治理机制而言，学者们主要考察了董事会、独立董事、大股东以及 CEO 权力等因素对 CEO 薪酬业绩敏感性的影响。例如：Firth et al.（2006）发现董事会的独立性，以及董事长和总经理两职分离有助于提高经理人薪酬业绩敏感性；陈运森和谢德仁（2012）发现公司独立董事网络中心度越高，高管薪酬业绩敏感性越强，并且与非国有企业相比，国有企业中独立董事网络中心度与高管薪酬业绩敏感性的正相关关系更弱；苏冬蔚和熊家财（2013a）发现大股东掏空导致 CEO 的薪酬下降和强制变更并使之与公司业绩之间的敏感性下降；权小锋等（2010）发现管理者权力越大，其薪酬业绩敏感度越高。还有一些学者从外部治理机制的角度进行了研究，王会娟和张然（2012）发现有私募股权投资参与的公司高管薪酬业绩敏感性更高，尤其是有外资或国有背景的私募股权。周泽将和杜兴强（2012）对 2004—2008 年间盈利的上市公司进行研究发现，有效的公司治理使得薪酬业绩敏感度得以显著增强，而在亏损组中薪酬业绩敏感度则不受公司治理的影响。

2.3.1.3　市场化

刘凤委等（2007）考察了政府干预与企业高管薪酬业绩敏感性之间的关系，他们发现政府对企业干预越多，高管薪酬与会计业绩的相关度就越小，并且公司外部竞争程度越低，会计业绩与高管薪酬之间的关联度也越弱；辛清泉和谭伟强（2009）针对国有企业进行了研究，发现市场化改革提高了国有企业经理人的薪酬业绩敏感性，但市场化改革对不同类型的国有企业效果不尽相同。对于保护性行业的国企经理人，其薪酬契约的市场化演进速度显著低于竞争性行业，并且市场力量对央企经理人薪酬契约的影响明显小于地方国企。此外，苏冬蔚和熊家财（2013b）还发现股票流动性有助于提升经理人薪酬对公司股价的敏感性并且有助于降低代理成本。

2.3.2 相对业绩评估

代理理论认为有效的高管薪酬应该与公司业绩挂钩以激励高管最大化股东财富，Hölmstrom（1982）进一步指出公司业绩应该用过滤掉外生行业冲击后的相对业绩来衡量，即相对业绩评估标准。目前国外关于相对业绩评估的实证研究已经十分丰富，但是尚未得出一致的结论，学术界称之为相对业绩评估的未解之谜（Murphy，1999）。早期的研究大多以识别隐性的相对业绩评估为目的，即直接考察经理人薪酬与公司业绩之间的相关关系，但未发现一致的支持相对业绩评估的证据。例如 Aggarwal and Samwick（1999）与 Barro and Barro（1990）认为公司没有使用相对业绩评估。Antle and Smith（1986）考察了 1947—1977 年间美国上市公司的数据，仅仅发现微弱的相对业绩评估的证据。Gibbons and Murphy（1990）发现 1974—1986 年间 CEO 薪酬变化与行业或市场股票回报负相关，支持了基于股票市场的相对业绩评估的使用。Janakiraman et al.（1992）基于美国上市公司 1970—1988 年的数据，发现了 CEO 薪酬使用了弱式的相对业绩评估，但并未使用强式相对业绩评估。但是，近年来，有越来越多的研究支持了相对业绩评估的使用。其中，以 Albuquerque（2009）为代表的学者沿用隐性相对业绩评估的方法，指出早期没有发现相对业绩评估的主要原因是同行公司识别偏误。在现实中，公司选择参照公司（peer group）时不仅考虑同行业，还会基于公司规模、产品多样性与融资约束等公司特点进行考量。Albuquerque（2009）发现当基于同行业以及相近规模来识别参照公司时，美国上市公司整体上已经采用了相对业绩评估标准。另一派研究从显性相对业绩评估的视角出发，直接根据公司年报中披露的参照公司，考察公司如何选择参照公司以及显示相对业绩评估在股权激励和货币薪酬中的应用

(Carter et al. , 2009; Faulkender and Yang, 2010; Gong et al. , 2011)。

在我国，关于经理人薪酬合约是否采用了相对业绩评估的实证研究还较为匮乏。肖继辉（2005）以2002年中国上市公司为研究样本，考察了高管薪酬与会计业绩和股票业绩之间的关系，发现以地区或两位数行业选取参照公司时，仅发现弱式相对业绩评估存在的证据。高义（2006）基于2001—2004年中国上市公司数据，发现只有使用会计业绩时才有支持相对业绩评估的证据。然而，其他学者认为我国上市公司整体上没有使用相对业绩评估。如郭福春（2006）考察了1999—2002年中国上市公司高管薪酬数据，没有发现高管薪酬与行业中其他企业的平均业绩具有系统相关性。周宏和张巍（2010）对我国上市公司1999—2006年间高管薪酬数据进行考察，基于自行构建的业绩综合指数，发现存在以同地区公司为参照的相对业绩评估，但不存在以同行同规模公司为参照公司的相对业绩评估。周宏等（2014）进一步考察了近年来中国上市公司高管薪酬是否存在相对业绩评估，发现基于2004—2012年上市公司数据，相对业绩评估在整体上还是没有得到广泛的应用，但是他们发现竞争程度越高的行业中，私有企业与高技术企业应用相对业绩评估的可能性也越大。

2.3.3 幸运薪酬

除了高管薪酬与公司业绩相关性较弱这一问题，另一个问题是高管可能由于与个人才能和努力无关的整体市场上行趋势获取了部分幸运薪酬，即高管薪酬的制定非但未采用相对业绩评估，反而利用同业薪酬或市场行情为薪酬的增长进行“辩护”。幸运薪酬和相对业绩评估实际上是一个硬币的两面，关于幸运薪酬的文章主要从实证的角度剥离出高管薪酬中的幸运薪酬部分进行研究。Bertrand and Mullainathan（2001）基于三种外生冲击来衡量高管薪酬中的幸运因子：油价变动、汇率变化以及行业业绩变化等经济形势。他们以美国公司为例，发现CEO的薪酬对行业周期、石油价格、汇率等运气因素的反应与对自身公司业绩的反应一样强烈，证明高管薪酬与自身公司绩效和运气都有关。他们还发现高管薪酬对好运气的反应要比对坏运气大得多，也就是说高管薪酬更能体现对好运气的补偿作用，却不能体现对坏运气的惩罚作用。Garvey and Milbourn（2006）认为高管薪酬对其绩效的反应是不对称的，当其遇到坏运气（企业绩效较差）时，薪酬下降的数额远远小于遇到好运气（企业绩效较好）时增加的薪酬数额。Harford and Li（2007）也发现了幸运薪酬的不对称性，并且这种不对称性在企业进行并购后表现得更加明显。

幸运薪酬的存在有悖于最优合约理论，Bertrand and Mullainathan（2001）提出了 CEO“掠夺观”对其进行解释，该观点与“租金榨取观”类似，认为较弱的治理水平与监督使得 CEO 对于薪酬制定的过程有较强的话语权，从而为自己制定了不对称的幸运薪酬。他们实证发现治理不善的公司支付了更多的薪酬，幸运薪酬不是最优契约的结果，“掠夺观”更适合用来解释这些公司治理中出现的问题。但是，也有部分学者从符合最优合约理论的“股东价值观”的角度对幸运薪酬的存在给出了解释。Axelson and Baliga（2008）和 Gopalan et al.（2008）认为 CEO 之所以愿意与股东签订长期薪酬合约，在于 CEO 与股东对长期薪酬有着不同的观点，而其所在行业发展的风险暴露是 CEO 的重要私人信息，将 CEO 薪酬与行业业绩挂钩，使得 CEO 能够策略性地选择最优的风险暴露，即选择有发展前景的行业。此外，Danthine and Donaldson（2015）构造了一个基于消费的均衡模型，模型指出只有当 CEO 对项目评估时选择与股东一致的贴现率，才能最大化股东财富。通过将 CEO 薪酬与总体市场环境挂钩，CEO 消费现金流与贴现率就得以与股东贴现率一致。Dittmann et al.（2013）通过构建理论模型并利用实际数据进行模型校准，发现支付 CEO 指数化薪酬的合约的效果并不理想，指数化薪酬反而使股东的薪酬成本增加了近一半。

国内也有部分学者对幸运薪酬进行了研究。沈艺峰和李培功（2010）利用 2005—2009 年上市公司数据，发现我国上市公司存在明显的高管幸运薪酬现象，并且国有企业较民营企业而言更为严重，2009 年政府“限薪令”也未能消除 CEO 的幸运薪酬成分。江伟（2010）发现我国上市公司在制定 CEO 薪酬时采用了行业薪酬基准，即参照行业薪酬水平为 CEO 制定高薪进行辩护，但是他们认为该现象不是由“租金榨取观”导致的，而是由于

CEO 人力资本具有重要性。杨青等（2014）基于两阶段最小二乘法，剥离出 CEO 薪酬中的幸运薪酬部分，并证实了幸运薪酬是 CEO“掠夺观”的结果。

2.4 高管薪酬结构

尽管薪酬业绩敏感性衡量了薪酬合约的整体斜率，但未对股票与期权进行区分，因此无法刻画薪酬合约的凸性。常用的股权激励主要包括两种模式，限制性股票和股票期权。学者们围绕股权激励的模式以及效应开展了一系列研究。

2.4.1 股权激励的模式：股票还是期权？

关于股票与期权这两种股权激励模式孰优孰劣的问题引发了学界的广泛争议。一种观点认为股票优于期权，如 Hall and Murphy（2003）认为期权激励的授予对象不够集中，激励效果不佳，且授予期权的实际成本被股东严重低估了，现实中期权激励的过度使用往往使得高管激励方案处于次优水平。此外，Dittmann and Maug（2007）指出，对于风险厌恶型的 CEO，期权相对于股票而言风险更大，因此为 CEO 提供相同的激励时，期权的成本要高于股票。另一种观点则认为期权优于股票，Rajgopal and shevlin（2002）认为，由于股票期权具有非对称回报的特征，所以授予期权使得原本具有规避风险属性的高管更乐意承担风险，因而可以避免高管因风险规避而放弃一些有利于公司长期利益的投资。

以上关于股票与期权之争引出了 CEO 最优薪酬结构设计的问题，不少学者围绕这一课题开展了相关的研究工作。Dittmann and Maug（2007）利用模型校准的方法优化经理人薪酬结构，发现最优的薪酬结构中应该不包含股票期权，且只有较少的货币薪酬。即现存的高管新出合约包含了过多的期权。Bebchuk and Fried（2004）将广泛使用的期权视为 CEO 的租金榨取行为，他们指出由于在值期权在 2006 年之前都不需要进行披露，即使 CEO 为自己授予过多的期权，投资者也无从得知。其他学者则更多地从最优合约的角度对理论模型进行扩展与修正。Dittmann et al.（2010）在损失厌恶的假设下重建经理人的最优薪酬结构，结果显示，最优合约中包含一定的期权持有，并且在损失厌恶的假设下的模型解释现实的能力方面远远优于传统的委托代理模型。Armstrong et al.（2007）发现若将目标努力水平与最优薪酬结构同时内生化，最优合约包括期权与更低水平的货币薪酬。Kadan and Swinkels（2007）理论上证明了当破产风险较小时，股东更有动机采用期权而非股票激励的方法，他们还实证发现了较低的破产风险确实与更多的期权授予有关。

如果最优薪酬合约的确应该包含期权，那么如何设定期权敲定价也是个值得研究的问题。Bebchuk and Fried（2004）认为应该使用虚值期权而非在值期权，因为前者只有在公司业绩显著变好的情况下才会被执行。Maug and Spalt（2008）借助 Dittmann et al.（2010）设定的损失厌恶型效用模型，利用现实数据进行模型校准，发现授予实值期权的公司与授予虚值期权的公司数量近乎相同。Johnson et al.（2009）设计了一种 CEO 期权模型，该模型下，期权的行权价格可以随着市场情况调整，以此剔除了 CEO 无法控制的风险，使得薪酬合约的激励效果更好。同时，该期权还具有内生的惩罚机制，使得 CEO 无法通过操纵模型的某些参数（如股价波动率等）来获取超额收益。Dittmann et al.（2013）认为在指数化效用函数下，如果 CEO 能够影响公司风险，那么授予 CEO 实值期权的方式是最优的。然而，以上研究均发现通过改变期权敲定价为公司节省的薪酬成本的作用都十分有限。国内学者也针对期权激励的行权条件进行了研究。如吕长江等（2009）针对 2005—2008 年中国上市公司股权激励计划草案，发现我国股权激励既存在激励效应又存在福利效应，激励型公司和福利型公司存在差异的主要原因在于公司治理方面。上市公司可以通过设置更有效的激励条件和激励有效期，来增加股权激励方案的激励效果。吴育辉和吴世农（2010）发现我国上市公司在其股权激励方案的绩效考核指标设计方面都异常宽松，有利于高管获得和行使股票期权，体现出明显的高管自利行为。就公司治理条件而言，仅大股东持股比例一个因素对其有一定的约束作用。谢德仁和陈运森（2010）发现业绩型经理人股权激励计划能够增加股东财富，且行权业绩条件要求越高，越有助于股东财富的增长。

2.4.2 股权激励与企业绩效

在股权激励是否能有效改善公司治理进而提高企业绩效的问题上，学界存在两种不同的看法，提出了两种不同的效应。"利益趋同效应"（convergence of interest effect）认为高管持股有助于使高管与股东的利益一致化，进而高管能做出有利于股东利益的决策。因此，管理者持股水平越高，与股东的利益一致化程度就越高，就越有利于缓解公司委托代理问题，从而提高公司绩效（Jensen and Murphy，1990）。McConnell and Servaes（1990）从实证的角度进行检验，发现在高管股权比例不高于50%的范围内，股权激励与企业绩效存在较为显著的正相关关系。然而，"壕沟效应"则认为当高管持股比例达到一定程度之后，高管对于公司的控制力和影响力将变得非常强，来自外部的约束作用相应地变得非常弱。在这种情况下，高管就能在更大范围内追求个人利益，公司的代理成本也相应提高，公司绩效相应降低。Fama and Jensen（1983）指出，持股高管可以利用自身的影响力和投票权确保自身的利益，实施一些偏离公司价值最大化的决策，从而对公司绩效产生消极影响。Johnson et al.（2009）指出，持有大量股份的高管为了避免其所持股份的价值大幅下滑，倾向于采用盈余管理和财务欺诈等非正常手段，这些行为一旦被暴露，将严重影响公司价值。Erickson et al.（2006）的研究发现以股权为主的高管薪酬水平与财务欺诈发生的概率正相关。实际上，"利益趋同效应"和"壕沟效应"同时存在，只是在不同的持股比例与市场环境中，哪种效应将占据主导地位的问题，因此高管股权激励与企业绩效关系还需要根据实际情况进行检验。

我国学者也对高管的激励模式对公司绩效的影响进行了比较研究。童晶骏（2003）将实施股权激励的上市公司业绩与沪深上市公司业绩进行比较研究，并对不同模式的激励效果进行比较，发现高管实施股权激励对上市公司的业绩提升有一定的促进作用，但是效果不显著。王华和黄之骏（2006）的研究说明，在控制了经营者股权的内生性问题下，发现经营者股权激励与企业价值之间存在显著的倒 U 曲线关系。顾斌和周立烨（2007）以 56 家上市公司 2002 年之前非正式股权激励为研究样本，发现股权激励的长期效应不显著。谢德仁和陈运森（2010）发现经理人股权激励计划与草案公告后的累计超额回报为显著的正相关。苏冬蔚和林大庞（2010）发现实施股权激励的公司相比于未实施的公司明显有更高的业绩，但是使用盈余管理修正后业绩，是否实施股权激励并不会显著地影响公司业绩，说明股权激励并未真实提升公司业绩，反而加剧了盈余管理的程度。吕长江和张海平（2011）发现相比非股权激励公司，推出股权激励方案的公司抑制了过度投资行为，也缓解了投资不足的问题。唐清泉等（2011）考察了高管股权激励对企业研发投资与创新行为的影响，发现 2005 年股改之前，股权激励与企业研发投资呈现“倒 U”关系，股改之后股权激励对研发投资有显著的正向作用。

2.5 高管薪酬管制

在 20 世纪 90 年代之前，由于国有企业为全民所有且具有多重社会目标，国企经理人薪酬受到严格的管制。随着 1994 年“抓大放小”国有企业改革的推进以及 2003 年国资委的成立，许多国有企业转制成了符合市场经济的股份制公司，国有企业经理人市场化薪酬合约才逐步形成。根据“最优合约理论”，经理人薪酬合约应该是股东最大化公司价值的最优选择，能够吸引有才能的 CEO 并激励其努力（Gabaix and Landier，2008；Murphy and Zabojnik，2007）。我国经理人薪酬激励不足问题已部分缓解，薪酬已初步与公司业绩挂钩，逐步符合最优合约理论（杜兴强和王丽华，2007；杨青等，2009）。但是诸如国企经理人“天价薪酬”、薪酬与公司业绩倒挂以及薪酬粘性不对称等问题也一直存在（方军雄，2009）。以 Bebchuk and Fried（2004）为代表的一批学者指出以上问题是经理人权力过大且监管不足，经理人自行制定薪酬水平，榨取股东财富的结果。该观点引发了社会各界关于提高公司治理水平、管制经理人薪酬的呼吁，美国 1993 年的税法修正案与 2009 年困难资产拯救计划（Troubled Asset Relief Program，TARP）都对经理人薪酬水平进行了严格限制。我国国有资产的管理体制与政府干预，模糊了国企经理人的努力程度，国资委只能通过整齐划一的薪酬管制以减少管理成本（陈冬华等，2005），加之社会各界对收入分配公平性的偏好，我国相继出台了《关于进一步规范中央企业负责人薪酬管理的指导意见》以及《中央管理企业负责人薪酬制度改革方案》两次“限薪令”，以及一系列针对金融企业的薪酬管制政策。

关于薪酬管制的实际效果，国外学者从各种角度进行了考察。Verret（2009）等学者发现美国 1993 年税法修正案反而导致经理人薪酬迅速增长；美国银行也由于 TARP 计划损失了最优秀的 12 名高管，这使得许多参与该计划的公司提前归还政府救援金以退出该计划，因此这类直接的薪酬限高政策并未取得预期的效果。相反，通过提高公司治理水平以管制经理人薪酬的“薪酬话语权投票法案”（say-on-pay）有较好的效果，该法案给予外部股东投票权以决定经理人薪酬合约是否能够通过。英国在 2002 年通过该法案后，经理人薪酬与公司业绩的敏感性显著增加，尤其对本身存在超额薪酬的公司；美国 2007 年公布该法案时，存在超额薪酬的公司股价也有正向市场反应（Ferri and Maber，2009；Cai and Walking，2011）。

国内的研究大多针对 2009 年“限薪令”，并且大多数学者的研究认为“限薪令”没有实际效果。如付子君和李月娥（2012）发现“限薪令”的效用具有短期性，也并未提升薪酬的业绩敏感性，不能从根本上解决高管薪酬激励问题；沈艺峰和李培功（2010）选取了 2005—2009 年我国 6871 个上市公司的高管薪酬样本，实证发现“限薪令”颁布后国企高管的薪酬水平不仅没有降低，反而有显著提高，国企高管获得运气薪酬的现象依然存在；李燕萍（2010）检验了金融业“限薪令”的实施效果，发现“限薪令”实施后国有企业高管的人力资本和薪酬均不相关，说明“限薪令”对于规范金融国有企业高管薪酬水平收效甚微。梅洁（2015）发现2012年中央八项规定能够有效遏制高管薪酬与在职消费的增加，但2009年“限薪令”却没有起到这一作用。此外，还有学者发现“限薪令”会产生一系列负面效果。如陈冬华等（2005）发现由于薪酬管制的存在，在职消费成为国有企业管理人员的替代性选择，说明在职消费内生于国有企业面临的薪酬管制约束。陈信元等（2009）也认为薪酬管制是造成高管腐败和过度在职消费的主要原因，间接证明了薪酬管制对企业绩效的影响。

2.6 本章小结

关于高管薪酬的基本理论，有金融经济学视角下的最优合约理论与高管权力理论，劳动经济学视角下的人力资本理论与锦标赛理论，以及基于“社会人”假设的管家理论和社会比较理论等。目前学术研究的主流仍然是基于委托代理分析框架的最优合约理论，将高管薪酬视为信息不对称情况下，为减少代理成本、协调高管与股东利益、使高管激励与约束相统一的一种合约形式。现代企业制度的建立与信息经济学的发展，促使学界产生了一大批关于高管薪酬的研究，Jensen and Murphy（1990）曾说有关高管薪酬的研究增长速度与薪酬本身的增长一样快。但是大多数学者的研究仅基于单一理论，试图对现实情形进行刻画与解释。现实的纷繁复杂导致模型解释能力欠佳，而一些研究简单地将传统模型不能解释的部分统统归因于公司治理的缺陷，即统统归因于以Bebchuk and Fried（2004）为代表的“租金榨取观”。然而，事实上很可能是由于传统的模型含有一些与现实不符的假设，或者忽略了其他一些重要的因素，导致模型预测与现实情况的冲突。Jensen et al.（2004）也曾指出，当前迫切需要有别于纯“理性人”假设的人性模型研究，以弥补该方面存在的严重不足。因此关于高管薪酬的研究应该更多地考虑现实因素，融合不同理论与研究视角，对传统模型进行修正，进而提出更能解释与刻画现实的模型。

国内外关于高管薪酬的理论与实证研究浩如烟海，作为公司金融领域最重要的研究问题之一，高管薪酬的有效性引发了大量学者从各种角度进行探讨。本书重点从高管薪酬整体水平、薪酬业绩敏感性（薪酬合约的斜率）、薪酬结构（薪酬合约的凸性）以及针对高管薪酬的管制政策这四个角度，对现有的研究成果进行总结，并指出本书期望填补的研究空白。

第一，针对高管薪酬整体水平的迅速增长，“租金榨取观”认为这是由于权力过大的经理人为自己制定了过高的薪酬，因此当前的高管薪酬是存在过度支付现象的，应该从公司治理和外部监管的角度减少薪酬的过度支付，提高薪酬合约的有效性（Core et al.，1999；Bebchuk and Fried，2004）。另一派“股东价值观”则从修正传统代理模型或寻求其他解释因子的角度，证实了现存高管薪酬合约的合理性（Terviö，2008；Gabaix and Landier，2008；Murphy and Zabojnik，2004；Cao and Wang，2008；Hayes and Schaefer，2009）。国内学者大多利用上市公司数据实证考察高管薪酬的具体影响因素，诸如公司规模、所在行业、所有权性质、公司业绩与公司治理等等（李增泉，2000；魏刚，2000；权小锋等，2010）。这类研究一方面由于较为严重的内生性问题，其研究结果往往是有偏误的；另一方面也缺乏对当前薪酬形成机制的深入分析，因此其研究结果对薪酬实践与学术研究都缺乏充分的指导意义。我国在市场化转型的同时出现高管薪酬的急剧上升，究竟是市场竞争机制下对稀缺人力资源的合理定价、是公司规模的同步扩张、还是监管缺位情况下经理人的自利行为？关于高管整体薪酬水平的有效性问题以及其背后一般规律的总结与检验，还亟须深入地理论分析与具体的实证支持。

第二，薪酬业绩敏感性刻画的是整体薪酬合约的斜率。经典委托代理模型指出，在信息不对称的情况下，股东无法完全观测到经理人的实际努力水平。如果股东能够以一定的成本实现完全监督，就可以直接设计有效的高管薪酬合约以促使经理人执行最优的努力水平；但是现实中完全的监督不可能实现，因此最优合约理论指出应当将经理人薪酬与公司绩效挂钩，以增强薪酬对经理人的激励作用。然而，在高管薪酬实践中，国内外学者都发现高管薪酬业绩敏感性较低，不足以为 CEO 提供足够激励的现象。沿袭“租金榨取观”的思路，众多学者从公司治理的角度对此进行了解释，权力较大的经理人设定自己的薪酬，因此选择较弱薪酬业绩敏感性（Bebchuk and Fried，2004；Firth et al.，2006；权小锋等，2010；陈运森和谢德仁，2012；周泽将和杜兴强，2012）。此外，还有国外部分学者从其他角度给出了解释，认为现实中经理人可能是强风险厌恶或者过度自信的，前者意味着过高的薪酬业绩敏感性会抑制风险厌恶型经理人进行合理的项目投资，而后者意味着较低的薪酬业绩敏感性就足以激励过度自信的经理人执行有效的投资水平（Haubrich，1994；Gervais et al.，2007）。国内学者针对中国特殊的政治体制制度，还考察了企业所有权性质与市场竞争程度对高管薪酬业绩敏感性的影响（刘凤委等，2007；辛清泉和谭伟强，2009；陈胜蓝和卢锐，2012；姜付秀等，2014），但并未得出一致的结论。总之，国内的相关研究主要考察了高管薪酬业绩敏感性的测算及其影响因素，并且大多是利用阶段性样本进行实证研究。由于选择的样本和研究期限的差异，以及理论基础的缺失，尚未得出一致的结论。因此国内关于高管薪酬业绩敏感性的研究领域中，基于理论模型回答有效的高管薪酬应该如何与公司业绩挂钩，以及针对全样本长期限的实证检验还较为匮乏。

第三，由于我国股权激励起步较晚，完全针对经理人股权激励的相关的研究还十分有限。现有的研究大多发现我国上市公司股权激励计划主要体现出福利效应，股权激励方案的绩效考核指标设计方面都异常宽松，表现出明显的高管自利行为（吕长江等，2009；吴育辉和吴世农，2010）。近年来，随着股权激励制度的完善以及资本市场的发展，越来越多的公司都陆续出台了股权激励计划。但是，现实中如何确定有效的股权激励方案，尤其是股票与期权两种激励方式上的选择以及具体激励指标的设计，还亟须学术界提供理论支持。此外，随着国有企业股权激励管制的放松，国有企业也开始寻求有效的股权激励机制，但是关于国有企业和民营企业在经理人股权激励设计上的差异，相关的学术研究还基本处于空白。

最后，对于美国等高度市场化的国家，关于经理人薪酬管制的研究已经较为全面。一般而言，整体水平限高的薪酬管制会导致效率损失，而改善治理的薪酬管制在某些环境下会取得一定的效果，但也需要在政策收益与执行成本之间做出权衡（Verret，2009；Ferri and Maber，2009；Cai and Walking，2011）。我国处于市场经济转型期，国有成分在经济中仍扮演着相当重要的角色，国企高管也同时具有官员身份，难以形成完全市场化的薪酬激励政策。关于国有企业高管薪酬管制政策的研究，也大多发现 2009 年“限薪令”执行效果不佳，国企高管薪酬与幸运薪酬均未下降，甚至引发了在职消费等一系列负面效应（付子君和李月娥，2012；沈艺峰和李培功，2010；陈信元等，2009）。伴随着中央八项规定对在职消费和官员腐败的强势打击，2014 年“限薪令”是否能够取得不同的效果？“限薪令”对不同类型的国有企业是否会产生不同的效果？以及薪酬管制影响下企业长期价值的内在机制如何？回答以上问题将为评估薪酬管制政策的有效性与制定合理的经理人薪酬激励提供经验证据，并有利于建立有效的国有企业经理人薪酬制度。

第三章　高管薪酬水平的有效性

近年来，高管薪酬水平的持续大幅上升、个别高管出现的“天价薪酬”现象以及高管与普通员工薪酬差距的进一步拉大引发了社会舆论和学术界的广泛讨论。关于高管薪酬的决定因素，学者们的研究发现高管薪酬水平受到多方面因素的影响，主要包括企业规模、所处行业、企业所有权性质、内部治理以及企业财务业绩等（方芳和李实，2015）。其中公司治理对高管薪酬的影响研究主要有以 Bebchuk and Fried（2004）为代表的“租金榨取观”，他们认为由于各种公司治理和市场监督的缺位，经理人利用自己的权力控制董事会干预薪酬制定过程，寻求自身利益最大化的经理人会尽可能为自己制定高薪来榨取股东财富。遵循这一思路，国内外学者考察了各种公司治理的因素，如董事会规模、独立董事比例、董事长与总经理两职合一、董事长薪酬水平等等与 CEO 薪酬水平以及薪酬业绩敏感性的关系（Core et al.，1999；Brick et al.，2006；权小锋等，2010）。“租金榨取观”自提出以后引发了社会各界广泛的讨论，国内外陆续出台了一系列针对公司治理与高管薪酬的相关法律。① 然而，“租金榨取观”仍然不足以解释许

① 2006 年，美国证监会（SEC）强制上市公司披露 CEO 薪酬合约；2008 年金融危机以后，奥巴马政府对金融危机中接受政府救援（TARP 计划）的公司 CEO 薪酬年薪作了 50 万美元的上限；2010 年，作为 Dodd-Frank 法案的一部分，CEO 薪酬合约要求股东投票通过的“薪酬话语权投票”法案出台。2013 年，欧盟对银行业 CEO 的奖金作了上限，并强制披露 CEO 与普通员工薪酬差距，瑞士也发起了一场限制 CEO 薪酬不超过普通员工薪酬 12 倍的公投，但最终未通过。我国也出台了一系列限制高管薪酬的法案，2002 年国务院规定国企高管薪酬不超过在岗职工平均薪酬的 12 倍，2005 年将这一比例上调到 14 倍，2009 年和 2014 年分别出台了第一次和第二次央企高管“限薪令”。

多高管薪酬的现象，甚至出现了众多悖论。如 Hölmlstrom（2004）指出近年来 CEO 薪酬水平大幅提升的同时伴随的却是 CEO 权力的下降以及公司治理的改善；另外，无论在控股权集中的家族企业还是股权分散的上市公司，CEO 薪酬都呈现相似的增长现象，说明有 CEO 权力之外的其他因素在驱动 CEO 薪酬水平的上升。基于此，本书从“股东价值观”的角度，对当前高管薪酬的各类现象进行解释。基于一个简单的竞争模型的分析，本书认为，近年来高管薪酬的持续增长主要是对公司规模同步扩张的一个有效的均衡反应，而非高管权力和代理问题所导致的。事实上，在众多影响 CEO 薪酬水平的因素中，公司规模的影响力是最被一致认可的，国内外学者均发现 CEO 薪酬与公司规模之间具有显著的正相关关系，并且标准化之后，两者之间具有稳定的线性关系，Baker et al.（1988）甚至将这一关系称为“关于 CEO 薪酬水平的最好实证规律”。尽管“租金榨取观”在一些公司中必定存在，但不足以解释高管薪酬整体的变化趋势，本书构建的竞争性均衡模型揭示了高管薪酬背后的一般经济规律，分析了高管薪酬的内在决定因素与市场竞争机制。

本章第一部分对我国高管薪酬水平的现状与历史变化趋势进行描述性介绍。第二部分构建了一个经理人劳动力市场中的正向匹配模型，来解释现实中观察到的高管薪酬水平的巨大差距；基于这个模型，近年来观测到的高管薪酬水平的大幅上升，可以看作是对同时期公司规模增长的一个均衡反应，而非代理问题所导致的。第三部分利用 2005—2016 年中国上市公司数据，来检验该理论模型的现实解释力。最后，第四部分总结了本章的主要研究内容。

3.1　高管薪酬水平现状

3.1.1　研究样本与数据来源

本书的研究样本为我国全部 A 股上市公司，研究期间为 2005—2016 年。尽管自 1998 年起，中国证监会开始强制要求上市公司披露高管人员薪酬信息，但实际数据显示，直到 2005 年，高管薪酬的披露才相对较为完善，因此本书研究期间开始于 2005 年。① 高管薪酬数据来源于国泰安数据库（CSMAR），参照辛清泉和谭伟强（2009）的研究，根据公司年报中披露的“董事、监事以及高管前三名薪酬总额”，除以 3 以计算出代表性经理人的平均薪酬。参照方芳和李实（2016）的研究，本书根据城镇消费物价指数对经理人薪酬进行调整，将其调整为 2005 年价格水平下的实际薪酬。为了减少异常值的影响，对薪酬进行了前后 1%的缩尾处理。此外，进一步剔除了高管薪酬数据缺失以及薪酬水平小于等于零的样本，剔除了特别处理（ST）和特别转让（PT）的公司，最后得到 2985 家公司共 23933 个观测值。

3.1.2　高管薪酬水平

图 3-1 中实线代表 2005—2016 年间全部样本公司经理人的实际薪酬水平，其中薪酬单位为万元。样本期间，经理人实际薪酬水平持续上升。2005 年平均经理人薪酬约为 23 万元人民币，到 2016 年，平均经理人薪酬已高达 58 万人民币（以 2005 年物价水平计），十年间经理人实际薪酬水平增长了 1.5 倍。虚线代表薪酬的年度增长率，由图可知，经理人实际薪酬的年度增

① 样本期间的起始点与方芳和李实（2015）的研究一致，大多数上市公司从 2005 年开始披露公司董事、监事以及高管的薪酬数据。

长率存在较大波动，其中2006年和2007年经理人薪酬大幅增长，尤其是金融危机之前的2007年，经理人实际薪酬增幅高达30%。2008年金融危机，经理人实际薪酬增长率大幅下降至5%左右。自此以后，经理人薪酬增长率不断下降，2012年达到历史最低水平2%，直到2016年，经理人薪酬水平增长率也没有超过8%。

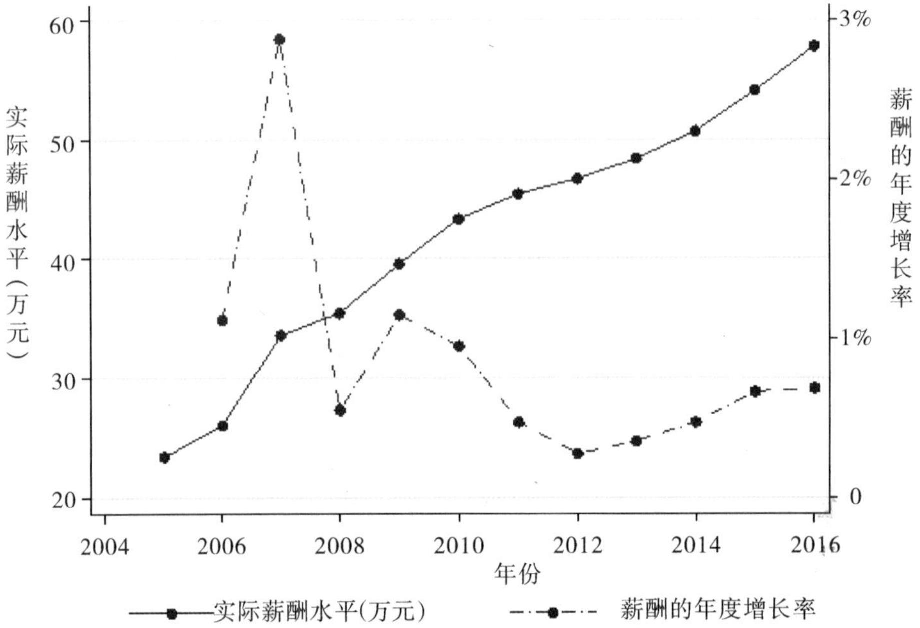

图3-1 2005—2016年经理人实际薪酬与增长率分布图

根据现有文献的研究，在我国，企业所有权性质是影响经理人薪酬决定机制的重要因素之一（Meng and Kidd，1997）。一方面国有企业规模相对较大，并且在个别行业占据市场垄断地位，拥有持续性的垄断利润，相同条件下基于业绩考核的国有企业经理人薪酬势必高于民营企业。另一方面，国有企业受政府干预较大，国企高管薪酬并非市场决定的，国资委及相关部门陆续出台了一系列针对国有企业高管薪酬的管制政策，对高管薪酬水平以及高管薪酬和普通在岗职工平均薪酬的差距做了外生限制。因此，本书根据企业所有权性质进行分类，对2005—2016年间国有企业和民营企业经理人实际薪酬水平进行了描述。研究样本包含1742家民营企业12年间的

11477 个观测值，以及 970 家国有企业 12 年间的 10185 个观测值。如图 3-2 所示，2005—2016 年间，国有企业经理人平均实际薪酬水平始终高于民营企业。分时间段来看，2005—2007 年间，两类企业经理人薪酬差距并不明显。但 2007 年，国有企业经理人薪酬水平大幅提升，从 2006 年的 25 万元提高到 2007 年的 35 万元，增幅 10 万元，而民营企业经理人实际薪酬增幅较小，约为 5 万元。自 2007 年以后，国有企业和民营企业经理人实际薪酬差距拉大。但是，2012—2016 年间，两类企业之间的薪酬差距开始缩小，国有企业经理人薪酬增速明显低于民营企业，2016 年两类企业经理人实际薪酬水平相同，均为 55 万元。

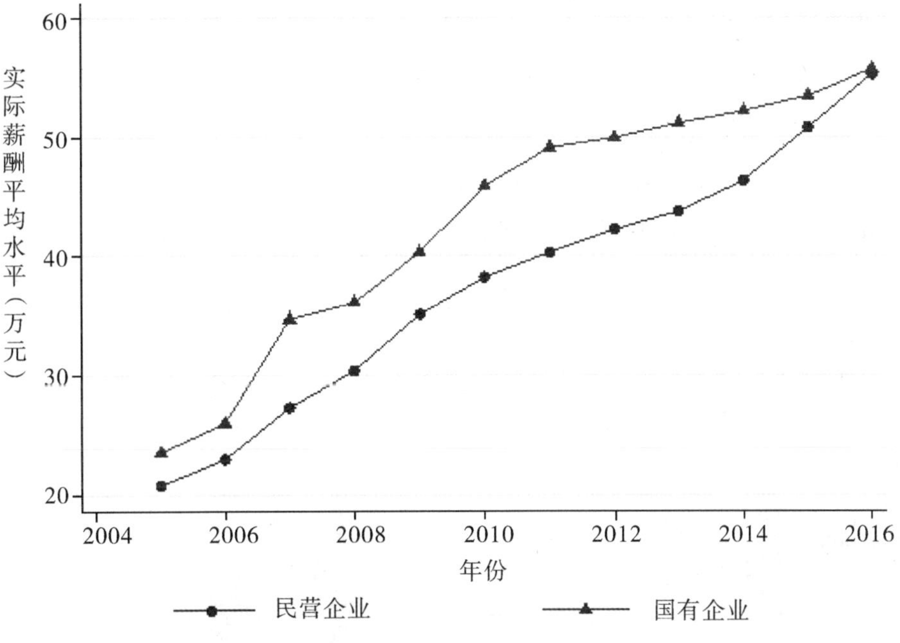

图 3-2 2005—2016 年国有与民营企业经理人实际薪酬（万元）分布图

3.1.3 高管薪酬差距

国内的研究也较多地关注企业之间高管薪酬的差距，如叶林祥等（2011）考察了行业垄断和企业所有权性质对企业间工资差距的影响，并发现企业间高管薪酬差距的扩大主要来自于一部分垄断性行业或受到政府行政保护的企业。其中以金融业和部分被国有企业垄断的行业为典型代表，这些行业高管薪酬水平远远高于其他行业。方芳和李实（2015）通过测算不同年度企业间高管薪酬的基尼系数和泰尔系数，发现中国上市公司之间高管薪酬差距较大，甚至高于高管与普通员工之间的薪酬差距。并且，导致这种薪酬差距的主要原因是少数企业高管薪酬过高。本书也针对上市公司高管实际薪酬数据，来考察企业间经理人薪酬水平的差距。

图 3-3 分别对民营企业和国有企业进行了分类统计。左图代表 1742 家民营企业经理人薪酬水平的分布图。由图可知，经理人薪酬水平分布呈现偏态分布，并且频数集中在左侧，呈现正偏态（右偏）。中位数的民营企业经理人实际薪酬约为 33 万元，约 75%的民营企业经理人薪酬低于 50 万元，绝大多数（95%）民营企业经理人薪酬水平不超过 100 万元。但剩余 5%的企业经理人薪酬水平极高，最高达到 250 万元。右图显示国有企业经理人薪酬分布与民营企业十分类似，高度右偏，90%的国有企业经理人薪酬不超过 100 万元，但少部分国有企业为经理人支付了极高的薪酬。因此，图 3-3 的结果得出了与方芳和李实（2015）相似的结论，即国有企业和民营企业经

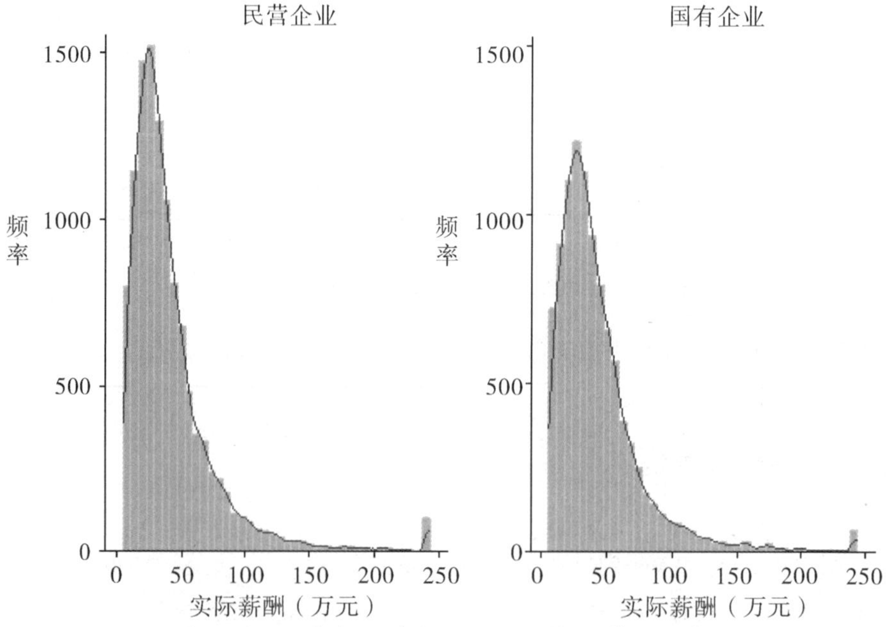

图 3-3　国有与民营企业经理人实际薪酬分布图

理人实际薪酬都呈现右偏分布，企业间经理人薪酬水平差距较大，尤其是极少部分企业（不到 10%）的经理人获得了极高的薪酬。

图 3-4 更为清晰地展示了不同企业间经理人实际薪酬水平的差距。同样，分别针对民营企业和国有企业经理人样本，本书将经理人薪酬水平按照十分位数进行分组，并统计出每组的平均薪酬水平。左图代表民营企业样本，前九组中，经理人平均薪酬水平逐渐提高，且组间平均经理人薪酬的增幅基本稳定，每个分位点组别之间增幅大约为 5 万元。但是，第十组经理人平均薪酬出现大幅上升，增幅高达 50 万元，达到第九组经理人平均薪酬水平的两倍。右图展示的国有企业样本也呈现出类似的趋势。由此可见，不同企业经理人薪酬总体分布的右偏态主要是第十组（薪酬最高的 10%的经理人）导致的，相比于剩余 90%的经理人，他们获取了极高的薪酬，后文将这一现象称之为经理人“超级明星”现象。

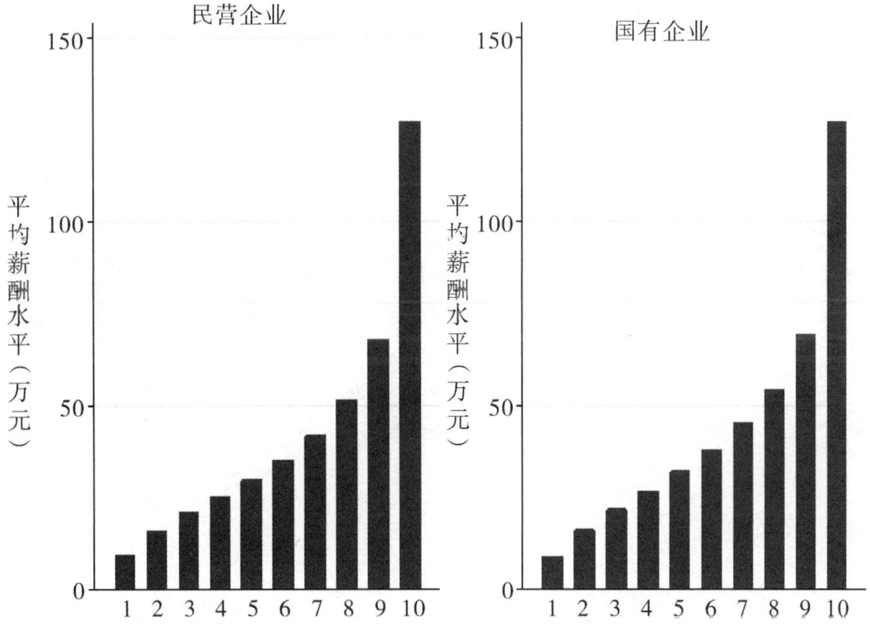

图 3-4　国有与民营企业经理人实际薪酬分位数图

3.2 最优薪酬水平的理论模型

中国上市公司2005—2016年经理人实际薪酬数据表明，不同公司之间经理人薪酬差距较大，并且主要原因是一小部分公司支付了其经理人极高的薪酬。此外，在不同所有权性质（国有和民营）的企业中，该现象一致存在。公司经理人中的“超级明星”现象是否合理？这一问题引发了社会各界的广泛关注，一系列关于收入分配公平性的讨论接踵而至。如果“超级明星”现象是经理人滥用职权获取的超额薪酬，那么相关监管部门出台关于薪酬管制和加强公司治理的政策十分必要。但是，如果“超级明星”经理人获取极高的薪酬是符合最优合约的预测的，那么不恰当的管制和舆论反而会抑制对经理人施展才能与付出努力的激励，进而降低了公司经营效率。接下来，本书参照Terviö（2008）和Gabaix and Landier（2008）的研究，从最优合约的角度，构建一个经理人劳动力市场的匹配模型，实现特定才能的经理人与特定规模的公司一一匹配。基于该模型，不同企业经理人薪酬的差距是由于公司规模的差距导致的，即使经理人才能只增加极少的部分，也会因为与其匹配的公司规模巨大而进行放大。此外，近年来整体经理人薪酬的上涨主要是对公司规模整体扩张的一个均衡反应，而不仅仅是公司治理缺陷下经理人榨取租金的结果。

3.2.1 模型设定

假设有连续的公司和潜在经理人，公司 $n \in [0, N]$ 的规模为 $S(n)$，经理人 $m \in [0, N]$ 的才能为 $T(m)$。其中 n 和 m 分别表示公司规模和经理人才能的排序，即小的 n 意味着更大的公司价值，小的 m 代表更高的经理人才能：$S'(n) < 0$，$T'(m) < 0$。均衡情况下，才能为 T 的经理人获得一份 $W(T)$ 的薪酬合约。

考虑一家价值为 S 的公司。期初 $t=0$，公司决定雇佣一位才能为 T 的经理人直到 $t=1$，经理人才能可增加公司价值至：

$$S' = S + CT S^{\gamma} \tag{3-1}$$

其中，常数 $C>0$ 代表经理人才能的生产力，非负的参数 γ 衡量生产函数的规模报酬，$\gamma = 1$ 意味着生产函数规模报酬不变，如果大公司的价值相对更难被经理人才能影响，那么 $\gamma < 1$。公司股东的目标函数为：选择才能为 T 的经理人，使得公司价值的增幅扣减支付给经理人的薪酬后最大化，即最大化目标函数（3-2）式。

$$\max_{T} CT S^{\gamma} - W(T) \tag{3-2}$$

进一步考察经理人劳动力市场如何实现经理人才能与公司价值的一对一匹配。假设才能排名第 m 位经理人，均衡的市场工资为 w（m）。那么，对于规模排名第 n 位的公司，会根据均衡的市场工资，选择能够最大化公司价值减去经理人工资的经理人 m：

$$\max_{m} C S(n)^{\gamma} T(m) - w(m) \tag{3-3}$$

3.2.2 竞争性均衡

针对最优化问题（3-3），一个竞争性均衡包含薪酬函数 W（T），代表才能为 T 的经理人的市场工资；以及分配函数 $m=M$（n），即规模排名第 n 位的公司应该选择才能排名为 m 的经理人。该均衡应满足以下两个条件：

（1）每个公司选择最优的经理人，使得：

$$M(n) \in arg \max_{m} C S(n)^{\gamma} T(m) - W[T(m)]$$

（2）经理人劳动力市场出清，即每家公司都有一个经理人。数学上表示为：让 μ^{CEO} 与 μ^{Firm} 分别代表经理人和公司的测度空间，那么，对于任何公司的测度子集 a，都有 $\mu^{CEO}[M(a)] = \mu^{Firm}(a)$ 。

在求解竞争性均衡之前，我们可以看出均衡具有的两个特点。首先，任何均衡都是有效的，即所有公司加总的利润最大化。这是由于 $\int S(n)^{\gamma} T[M(n)]\,dn$ 在均衡下取得最大值。其次，任何有效的均衡都满足正向选择匹配（positive assortative matching），即才能更高的经理人与规模更大的公司匹配。① 在正向选择匹配下，才能排名第 n 位的经理人选择去规模排名第 n 位的公司，即 M（n） = （n）。

为正式求解均衡条件，对最大化函数（3-3）式求一阶条件（first-order condition，F. O. C）可以得到：

$$C\,S(n)^{\gamma}\,T'(m) = w'(m)$$

将正向选择匹配条件（m=n）代入一阶条件，得到：

$$C\,S(n)^{\gamma}\,T'(n) = w'(n) \tag{3-4}$$

均衡（3-4）意味着才能较高的经理人带来的边际好处，$C\,S(n)^{\gamma}\,T'(n)$，与边际成本$w'(n)$相等。该方程是 Sattinger（1993）与 Terviö（2008）提出的经典匹配等式。接下来本书还要求出均衡市场工资的具体函数形式。

3.2.3 市场均衡下的薪酬水平

用 w（N）代表市场中才能最低的经理人（$n=N$）的保留工资，求解微分方程（3-4）可得：

$$w(n) = -\int_{n}^{N} C\,S(u)^{\gamma}\,T'(u)\,\mathrm{d}u + w(N) \tag{3-5}$$

为了进一步求解工资函数（3-5）式的具体形式，必须对公司规模 S（.）以及经理人才能 T（.）的函数形式作假设。本书假设公司规模服从指数为 $1/\alpha$ 的帕累托分布：

$$S(n) = A\,n^{-\alpha} \tag{3-6}$$

根据齐普夫定律（Zipf's Law），参数 α 取值接近于 1，Axtell（2001）与 Gabaix and Landier（2008）的实证结果也证实了美国公司规模的分布符合齐普夫定律。在下节中我将根据中国公司实际数据测度参数 α 。然而，对于经理人才能函数的分布 $T'(u)$ ，却鲜有理论与现实的证据。我参照 Gabaix and Landier（2008），基于极值理论（extreme value theory，EVT）对经理人

① 简单证明如下：若有两家公司 $S_1 > S_2$，两个经理人 $T_1 > T_2$，那么 $S_1^{\gamma}\,T_1 + S_2^{\gamma}\,T_2 > S_1^{\gamma}\,T_2 + S_2^{\gamma}\,T_1$，因为$(S_1^{\gamma} - S_2^{\gamma})\,(T_1 - T_2) > 0$。

才能的分布函数进行设定。根据极值理论，对于所有常规的连续性分布，包括均匀分布、高斯分布、指数分布、对数正态分布、帕累托分布等，存在常数β和B，使得分布函数的右尾部（极值）服从函数（3-7）式的设定：

$$T'(m) = -B\,m^{\beta-1} \tag{3-7}$$

根据大数定律，经济体中所有注册公司经理人的才能分布应服从正态分布。那么对于才能较高的上市公司经理人这个群体（如选择500家规模最大上市公司的经理人），他们的才能位于总体（全国有数千万家注册公司）经理人才能分布的右尾，满足极值理论。通过方程（3-7）式的假定，可以将方程（3-5）式的显示解刻画出来，进而讨论经理人均衡薪酬水平的诸多特点。

将方程（3-6）（3-7）式代入（3-5）式，可得：

$$w(n) = \int_n^N A^\gamma BC\,u^{-\alpha\gamma+\beta-1}\mathrm{d}u + w(N)$$

$$= \frac{A^\gamma BC}{\alpha\gamma - \beta}\left[n^{-(\alpha\gamma-\beta)} - N^{-(\alpha\gamma-\beta)}\right] + w(N) \tag{3-8}$$

当只考虑全体公司中规模最大的一小部分公司（数千万家公司中最大的500家）时，$n/N \to 0$。因此，相对于$n^{-(\alpha\gamma-\beta)}$，$N^{-(\alpha\gamma-\beta)}$和$w(N)$都非常小，方程（3-8）式可近似于：

$$w(n) = \frac{A^\gamma BC}{\alpha\gamma - \beta}\,n^{-(\alpha\gamma-\beta)} \tag{3-9}$$

考虑一家参照公司，如500家最大的上市公司的中位数，排名第250位的公司n_*，其规模为$S(n_*)$。由此可以推导出“均衡市场中经理人薪酬水平定理”：才能排名n的经理人受雇于规模排名n的公司S（n），并且获得方程（3-10）式所示的均衡工资水平。

$$w(n) = D(n_*)\,S(n_*)^{\beta/\alpha}\,S(n)^{\gamma-\beta/\alpha} \tag{3-10}$$

其中，$D(n_*) = \dfrac{-C\,n_*\,T'(n_*)}{\alpha\gamma - \beta}$是独立于公司规模的常数。特别地，对于参照公司，其经理人薪酬水平为$w(n_*) = D(n_*)\,S(n_*)^\gamma$。等式（3-10）意味着经理人薪酬水平不仅取决于所在公司的规模，也就是经理人自身才能水平，也跟整体市场需求有关（参照公司规模），即市场对经理人才能的总需求。

根据“均衡市场中经理人薪酬水平定理”，可得出以下两条关于经理人薪酬的预测以供后续实证检验：

（1）横截面预测：给定年份中，经理人薪酬水平与公司规模的 $\gamma-\beta/\alpha$ 次方成比例，即 $w(n) \propto S(n)^{\gamma-\beta/\alpha}$ 。

（2）时间序列预测：随时间变化，当所有公司规模增加 λ 倍，所有公司经理人薪酬水平也相应增加 λ^{γ} 倍，即 $w'(n) = D(n_*)[\lambda S(n_*)]^{\beta/\alpha}[\lambda S(n)]^{\gamma-\beta/\alpha} = \lambda w(n)$。

3.3 最优薪酬水平的实证证据

上述经理人劳动力市场匹配模型所传递到核心观点是“均衡市场中经理人薪酬水平定理”，即关于经理人薪酬水平的横截面预测和时间序列预测。接下来，本书将讨论了几种关于公司规模的测度指标；接着利用经理人实际薪酬数据，对横截面和时间序列预测进行实证检验，以考察模型对现实的解释能力；最后，对公司规模分布、经理人才能分布函数的参数进行校准，讨论了经理人才能的微小差异在劳动力市场中的放大效应，进而解释现实中企业间经理人薪酬的巨大差距。

3.3.1 公司规模的测度指标

我国国有企业经理人和民营企业经理人劳动力市场存在分割。许多国有企业，尤其是央企和处于垄断性行业的大型国企，其经理人往往具有官员属性，在担任企业“一把手”的同时，也具有一定的政府层级。此外，大型国有企业经理人往往是行政任命制，而民营企业经理人更多是市场选拔制，两者之间难以自由流动。尽管现实中有一些国有企业高管跳槽去民营企业的案例，但民营企业高管鲜有进入国有企业的机会，总体而言两者存在市场分割。因此实证部分，本书依然根据企业所有权性质，分国有企业和民营企业两个子样本分别进行考察。

在理论模型中，本书根据极值理论对经理人才能的分布进行了设定。为了满足极值理论的前提，在实证研究部分，本书每一年分别在国有企业和民营企业样本中选取按总资产规模排序最大的前500家公司，以保证被选取的经理人处于近千万家注册公司经理人才能分布中的右尾部分。本书用到的企业财务指标、市场指标以及公司治理指等均来自于国泰安数据库（CSMAR）。

关于公司规模的测度，从理论模型上看，如果经理人的才能对公司未来盈余只有暂时性影响，即更高的经理人才能只能增加当期公司业绩，那么用净利润或销售收入可以更好地测度公司规模。但是，如果经理人的才能能够通过提升公司生产力水平，永久性提高公司未来的盈余，那么基于股票市场的公司总市值可能是公司规模的更好的测度。考虑到净利润可能为负数，不便于直接取对数，本书主要用销售收入衡量经理人才能的暂时性影响。考虑到中国股票市场对公司价值定价存在较大的噪音，本书同时用基于股票市场的公司总市值和基于财务报表的账面总资产来衡量经理人才能的永久性影响。具体而言，本书选取三个指标测度公司规模：公司账面总资产（*Assets*），公司总市值（*Total Value*），以及年度销售收入（*Sales*）。其中公司账面总资产来源于上市公司年报中的资产负债表；公司总市值是股权的市场价值与总负债的账面价值之和，股权的市场价值由年末股票收盘价乘以公司总股本计算得来；总销售收入来源于年报中的利润表。与高管薪酬类似，所有公司规模的测度指标都根据居民消费价格指数，调整为以2005年为基期的水平。此外，根据证监会公布的2012年行业分类准则，对非制造业选取一位数行业分类代码，对制造业选取两位数行业分类代码，最终样本共覆盖21个行业。

本书将上市公司代表性经理人的年度实际薪酬取自然对数 ln（*Pay*），作为被解释变量。针对三类测度公司规模的指标，取滞后一期的观测值并取自然对数，分别记为：ln（*Assets*），ln（*Total Value*）和 ln（*Sales*），作为解释变量，先整体放入回归模型（3-11）式，再依次单独放入。解释变量取滞后一期，是为了确保公司规模在制定经理人薪酬时已知，且不受经理人薪酬的影响。[①] 回归模型（3-11）式还控制了行业固定效应（τ_j）和年份固定效应（μ_t）。加入行业固定效应是为了控制住行业层面不随时间变化的异质性，所有变量的变化来源于行业内公司个体的差异。控制住年份固定效应是为了确保本书的结果不是特定年份导致的。

$$\ln(Pay)_{it} = \alpha + \beta_1 \ln(Assets)_{it-1} + \beta_2 \ln(TotalValue)_{it-1} + \beta_1 \ln(Sales)_{it-1} + \tau_j + \mu_t + \varepsilon_{it} \tag{3-11}$$

表3-1汇报了回归模型（3-11）式的结果，其中Panel A是针对2005—2016年度规模最大的500家民营企业，Panel B是针对2005—2016年度规模最大的500家国有企业。第（1）列汇报了同时加入三种公司规模测度指标的结果，后三列分别汇报三种公司规模测度单独放入模型的结果。单独来看，以总市值来测度公司规模的解释力度较强。民营企业中以总市值测度拟合优度为0.413，略高于以总资产（拟合优度0.367）和销售收入的测度（拟合优度0.37）。国有企业类似，以总市值测度拟合优度为0.286，略高于以总资产和销售收入的拟合优度：分别是0.25和0.266。但是，同时放入三种测度时，每种测度的系数都是显著的，这说明三类指标分别衡量了不同层面的公司规模。考虑到账面总资产的噪音较小并且难以被财务操纵，在后文的研究中，仅汇报以账面总资产为公司规模测度下的结果。

表3-1 经理人薪酬与三类公司规模指标表

Panel A. 民营企业				
变量名	(1)	(2)	(3)	(4)
	ln（Pay）	ln（Pay）	ln（Pay）	ln（Pay）
L. ln（Assets）	-0.167***	0.302***	—	—
	(0.0556)	(0.0297)	—	—

① 本书构建的理论模型可预测均衡条件下经理人薪酬与公司规模之间的匹配关系，但并不意味着经理人有激励通过增加公司规模（如兼并收购等）而提高薪酬水平。在理论模型中，是经理人才能（的排序）直接决定其薪酬水平，而不是他所在公司的规模直接决定的。

续 表

Panel A. 民营企业				
变量名	(1)	(2)	(3)	(4)
	ln (*Pay*)	ln (*Pay*)	ln (*Pay*)	ln (*Pay*)
L. ln (*Total Value*)	0.450***	—	0.413***	—
	(0.0461)	—	(0.0271)	—
L. ln (*Sales*)	0.118***	—	—	0.229***
	(0.0369)	—	—	(0.0241)
Constant	3.355***	5.434***	3.003***	7.190***
	(0.615)	(0.623)	(0.584)	(0.488)
观测值	4, 584	4, 584	4, 584	4, 584
行业固定效应	Yes	Yes	Yes	Yes
年份固定效应	Yes	Yes	Yes	Yes
R-squared	0.422	0.367	0.413	0.370
Panel B. 国有企业				
变量名	(1)	(2)	(3)	(4)
	ln (*Pay*)	ln (*Pay*)	ln (*Pay*)	ln (*Pay*)
L. ln (*Assets*)	-0.353***	0.210***	—	—
	(0.0648)	(0.0254)	—	—
L. ln (*Total Value*)	0.476***	—	0.277***	—
	(0.0608)	—	(0.0256)	—
L. ln (*Sales*)	0.141***	—	—	0.190***
	(0.0308)	—	—	(0.0201)
Constant	5.784***	7.073***	5.488***	7.637***
	(0.618)	(0.627)	(0.636)	(0.505)
观测值	5, 057	5, 057	5, 057	5, 057
行业固定效应	Yes	Yes	Yes	Yes
年份固定效应	Yes	Yes	Yes	Yes
R^2	0.310	0.250	0.286	0.266

注：解释变量第一行为 OLS 法估计的系数，第二行括号内数值为公司内聚集的稳健性标准误。***，**，*分别代表在 1%，5%与 10%显著性水平下显著。

3.3.2 来自中国上市公司的横截面证据

为检验“均衡市场中经理人薪酬水平定理”中关于经理人薪酬水平的横截面预测：给定年份中，经理人薪酬水平与公司规模的 $\gamma - \beta/\alpha$ 次方成比例，即 $w(n) \propto S(n)^{\gamma-\beta/\alpha}$。本书首先对参照公司进行了定义，分别针对 500 家最大的国有企业和 500 家最大的民营企业，选择按账面总资产排序第 250 家国有企业和第 250 家民营企业为参照公司（$n_*=250$）。对理论模型中方程（3-10）两边取对数，得到：

$$\ln[w(n)] = \ln[D(n_*)] + \frac{\beta}{\alpha}\ln[S(n_*)] + \left(\gamma - \frac{\beta}{\alpha}\right)\ln[S(n)] \tag{3-12}$$

其中 $D(n_*) = \dfrac{-Cn_*T'(n_*)}{\alpha\gamma - \beta}$ 独立于公司规模，但可能取决于公司其他特点。根据方程（3-12）构建以下回归模型，被解释变量为当年经理人实际薪酬水平的自然对数，解释变量为滞后一期公司规模的自然对数，以及滞后一期参照公司规模的自然对数。此处，根据对经理人才能的生产力（参数 C）的三种不同假设，依次设定三种回归模型。

（1）假设经理人才能的生产力（C）与公司特征无关，即 $D(n_*) = D$，估计回归模型（3-13a）：

$$\ln(w_{i,t}) = d + e * \ln(S_{n_*,t-1}) + f * \ln(S_{n,t-1}) \tag{3-13a}$$

（2）假设经理人才能的生产力（C）与行业特征相关，即 $D(n_*) = D_j$，估计加入行业固定效应的回归模型（3-13b）：

$$\ln(w_{i,t}) = d_j + e * \ln(S_{n_*,t-1}) + f * \ln(S_{n,t-1}) \tag{3-13b}$$

（3）假设经理人才能的生产力（C）与公司特征相关，即 $D(n_*) = D_i$，估计加入公司个体固定效应的回归模型（3-13c）：

$$\ln(w_{i,t}) = d_i + e * \ln(S_{n_*,t-1}) + f * \ln(S_{n,t-1}) \tag{3-13c}$$

表 3-2 汇报了以账面总资产衡量公司规模的结果。Panel A 是 500 家规模最大的民营企业 2005—2016 年度的子样本，Panel B 是 500 家规模最大的

国有企业 2005—2016 年度的子样本。第（1）列是针对回归模型（3-13a）的检验，第（2）列针对回归模型（3-13b）控制了行业固定效应，第（3）列针对回归模型（3-13c）控制了公司固定效应。Panel A 中第（1）—（3）列结果显示，针对前 500 大民营企业，系数 e 和 f 都在 1%显著性水平下显著，证明参照公司的规模和公司个体的规模都是经理人薪酬的重要决定因素，与横截面的预测相一致。此外，系数 e 和 f 的估计值比较稳定，第（1）（2）（4）列汇报了一致的系数；第（3）列加入公司个体固定效应时 e 和 f 的估计系数发生变化，说明有部分公司特质信息尚未被本书的模型所捕获，而这部分尚未被挖掘的信息也会影响经理人薪酬。由于 e 代表对参数 $\frac{\beta}{\alpha}$ 的估计，f 代表对参数 $\gamma-\frac{\beta}{\alpha}$ 的估计，$e+f$ 代表对参数 γ 的估计。因此在最大的 500 家民营企业中，$\frac{\beta}{\alpha}$ 约为 0.33，$\gamma-\frac{\beta}{\alpha}$ 约为 0.34，γ 约为 0.67。与之类似，Panel B 中第（1）—（3）列结果显示，针对前 500 大国有企业，系数 e 和 f 都在 1%显著性水平下显著，也支持横截面的预测，即参照公司和规模和公司个体的规模都是经理人薪酬的重要决定因素。在最大的 500 家国有企业中，$\frac{\beta}{\alpha}$ 约为 0.33，$\gamma-\frac{\beta}{\alpha}$ 约为 0.21，γ 约为 0.54。本节下一部分将根据时间序列数据，对参数 γ 进行进一步校准。

在现有文献中，公司治理常常被认为是决定经理人超额薪酬的重要因素（Bebchuk and Fried，2004；权小锋等，2010）。根据“租金榨取观”，当经理人权力过大且公司治理环境较差时，经理人容易为自己制定超额薪酬。因此其他条件相同时，治理较差的公司经理人薪酬更高。为了对“租金榨取观”进行检验，文本在表 3-2 的第（4）列中，加入了综合衡量公司治理环境的 G 指数（*G_ Index*）。国内尚无公开披露的公司个体层面的治理指数，因此本书参照（白重恩等，2005）的研究方法，通过一系列反映公司治理内外部机制的变量，运用主元分析法（Principal Component Analysis，PCA）生成了一个反映上市公司治理水平的综合指标 *G_ Index*。具体而言，选择了以下七个治理变量：CEO 与董事长是否两职合一的虚拟变量（*Duality*）；董事会中独立董事占比（*Idsh*）；高管持股比例（*Exeshare*）；第一大股东持股比例（*Shr*1）；第二至十大股东持股集中度（*HHI*2-10）；企业是否拥有母公司的虚拟变量（*Parent*）；企业是否在海外其他市场挂牌上市的虚拟变量（*Crosslist*）。主元分析法利用降维的思想，在损失较少信息的前提下把以上八个指标转化为较少的综合指标，本书将主元分析法得出的第一大指标定义为 *G_ Index*。在样本期 2005—2016 年内，分年度计算公司个体的 *G_ Index*，因此该指数是一个衡量公司治理环境的相对指标，该指标越大，代表治理环境越好。

表 3-2 第（4）列报告了加入公司治理指数（*G_ Index*）的回归结果，无论在国有企业还是民营企业中，*G_ Index* 的系数都是在 1%显著性水平下显著为正的。该结果说明控制住公司自身规模以及市场中参照公司的规模后，治理水平越高的公司，其经理人薪酬反而更高，这有违于“租金榨取观”的预测。此外，公司治理在国有企业和民营企业中对经理人薪酬的影响程度不尽相同。具体而言，对于民营企业，*G_ Index* 系数为 0.0457，标准差为 1.23，因此公司治理指数每提高一个标准差，经理人实际薪酬水平增加 5.6%。对于国有企业，*G_ Index* 系数为 0.148，标准差为 0.85，因此公司治理指数每提高一个标准差，经理人实际薪酬水平增加 12.58%。其他条件相同时，公司治理在国有企业经理人薪酬决定机制中发挥了更大的作用。因此本书的公司治理指数，可能更多地捕获了除代理问题和高管权力以外的其他层面的公司特征，如公司本身的生产效率以及对人力资本的重视程度等等。方芳和李实（2015）的研究考察了一系列公司治理指标在高管薪酬决定中的作用，发现大多数公司治理指标对经理人薪酬的影响均不显著。本书的研究也并未发现支持“租金榨取观”的实证证据。

表 3-2 经理人薪酬横截面预测检验表

Panel A. 民营企业				
变量名	(1)	(2)	(3)	(4)
	ln（*Pay*）	ln（*Pay*）	ln（*Pay*）	ln（*Pay*）
L. ln（*Assets*）_ star	0.324***	0.333***	0.225***	0.325***
	(0.0603)	(0.0597)	(0.0185)	(0.0587)

续 表

Panel A. 民营企业				
变量名	(1)	(2)	(3)	(4)
	ln (*Pay*)	ln (*Pay*)	ln (*Pay*)	ln (*Pay*)
L. ln (*Assets*)	0.339***	0.322***	0.339***	0.336***
	(0.0110)	(0.0112)	(0.0150)	(0.0125)
L. *G-Index*	—	—	—	0.0457**
	—	—	—	(0.0146)
Constant	-1.506	-1.677	0.640**	-1.771
	(1.274)	(1.301)	(0.252)	(1.307)
观测值	4, 584	4, 584	4, 584	4, 584
行业固定效应	No	Yes	No	Yes
公司固定效应	No	No	Yes	No
R^2	0.333	0.350	0.420	0.354
Panel B. 国有企业				
变量名	(1)	(2)	(3)	(4)
	ln (*Pay*)	ln (*Pay*)	ln (*Pay*)	ln (*Pay*)
L. ln (*Assets*) _ star	0.304***	0.276***	0.263***	0.332***
	(0.0529)	(0.0548)	(0.0180)	(0.0553)
L. ln (*Assets*)	0.192***	0.214***	0.146***	0.210***
	(0.0125)	(0.00985)	(0.0173)	(0.00855)
L. G-Index	—	—	—	0.148***
	—	—	—	(0.0149)
Constant	1.732	1.114	3.720***	0.0373
	(1.342)	(1.337)	(0.257)	(1.338)
观测值	5, 057	5, 057	5, 057	5, 057
行业固定效应	No	Yes	No	Yes
公司固定效应	No	No	Yes	No
R^2	0.173	0.239	0.232	0.264

注：解释变量第一行为 OLS 法估计的系数，第二行括号内数值为年份内聚集的稳健性标准误。***，**，* 分别代表在 1%，5%与 10%显著性水平下显著。

3.3.3 来自中国上市公司的时间序列证据

本部分期望对“均衡市场中经理人薪酬水平定理”中关于经理人薪酬的时间序列预测进行检验，即随时间变化，当所有公司规模增加 λ 倍，所有公司经理人薪酬水平也相应增加 λ^γ 倍。特别地，对于参照公司 n_*，其经理人薪酬与公司自身规模的 γ 次方成比例。上一部分针对横截面预测的检验已经发现，对最大的500家民营企业 γ 的估计为0.65，对最大的500家国有企业 γ 的估计为0.5。本节针对加总的时间序列数据，再次对参数 γ 的值进行校准。

图3-5展示了2005—2016年间，我国前500家国有企业和前500家民营企业经理人实际薪酬以及企业规模的变化趋势。实线代表经理人实际薪酬的年度平均数，三条虚线分别代表以账面总资产、公司总市值以及销售收入衡量的年度平均公司规模。为了便于比较，以上四个变量都以2008年数额为基期进行标准化，即2008年四个指标均取值1。由于2008年前后，股票市场在经历大牛市之后受金融危机影响开始剧跌，因此主要关注

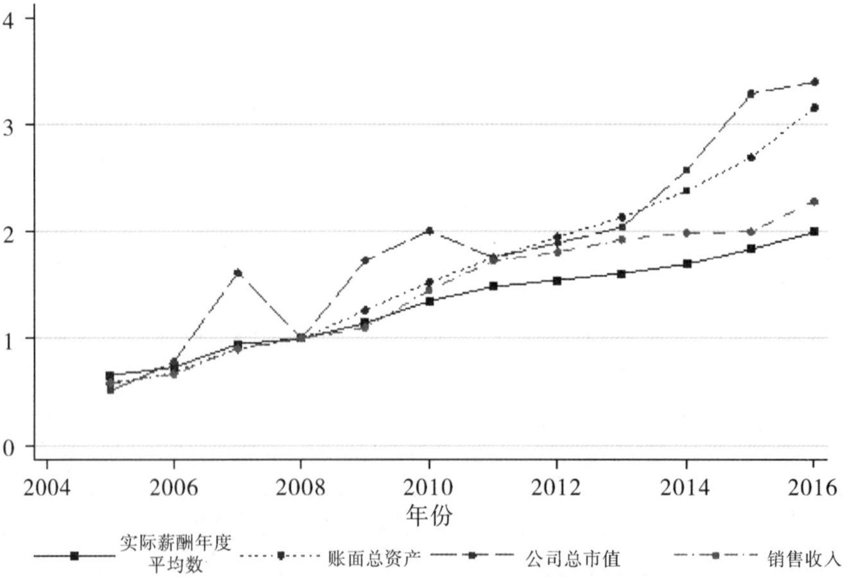

图3-5 前1000家国有与民营企业经理人薪酬与公司规模分布图

2008—2016 这个时间段。在这 8 年间，规模最大的 1000 家上市公司经理人实际薪酬增长了一倍，以账面总资产衡量的公司规模增长约 220%，以总市值衡量的公司规模增长约 240%，以销售收入衡量的公司规模增长了 120%。由此可见，整体而言，2008—2016 年间，经理人薪酬与公司规模同时增长，但经理人薪酬的增长幅度小于公司规模的增长幅度，意味着以账面总资产和总市值来衡量公司规模时，经理人才能对公司的影响力呈现边际报酬递减，即 $\gamma < 1$。

接下来分国有企业和民营企业子样本来看，根据时间序列数据分别估计参数 γ。根据“均衡市场中经理人薪酬水平定理”关于时间序列的预测，对于参照公司，有：$w(n_*) = D(n_*)\ S(n_*)^{\gamma}$。为了便于估计，假设 2005—2016 年间，规模最大的 500 家国有企业和民营企业经理人才能的分布相对稳定，即 $D(n_*) = D$。那么参数 γ 可根据下式（3-14）估计：

$$\widehat{\gamma} = \ln\ (\frac{w_{2016}}{w_{2006}})/\ln\left(\frac{S_{2015}}{S_{2005}}\right) \tag{3-14}$$

表 3-3 汇报了民营企业和国有企业中，三种不同公司规模测度下，根据公式（3-14）对参数 γ 的校准结果。对于民营企业，以账面总资产、总市值以及销售收入衡量公司规模时估计出的参数 γ 分别为：0.68，0.51 和 0.76。其中，以账面总资产衡量公司规模时估计出的参数 γ 与前文关于横截面预测的检验中估计出的 $\gamma = 0.67$ 一致。对于国有企业，以账面总资产、总市值以及销售收入衡量公司规模时估计出的参数 γ 分别为：0.54，0.49 和 0.70。其中，以账面总资产衡量公司规模时估计出的参数 γ 也与前文关于横截面预测的检验中估计出的 $\gamma = 0.54$ 一致。民营企业与国有企业中参数 γ 的取值也印证了图 3-1 发现的 $\gamma < 1$ 的结论，说明经理人才能对公司的影响力呈现边际报酬递减。

表 3-3　经理人薪酬时间序列预测检验表

Panel A. 民营企业				
Year	*Assets*	*Total Value*	*Sales*	*Pay*
2005	1. 55E+09	1. 88E+09	1. 05E+09	208570. 8
2006	1. 68E+09	2. 74E+09	1. 20E+09	230399. 9
2007	1. 90E+09	5. 98E+09	1. 37E+09	273605. 4
2008	1. 95E+09	3. 07E+09	1. 47E+09	308880. 1
2009	2. 50E+09	6. 47E+09	1. 59E+09	373619. 9
2010	3. 47E+09	8. 85E+09	2. 42E+09	456551
2011	4. 60E+09	7. 51E+09	3. 28E+09	509383. 6
2012	5. 36E+09	8. 21E+09	3. 57E+09	555285. 9
2013	6. 34E+09	1. 03E+10	4. 21E+09	585536. 6
2014	7. 56E+09	1. 33E+10	4. 61E+09	636055. 5
2015	9. 37E+09	2. 11E+10	5. 25E+09	701529. 9
2016	1. 25E+10	2. 23E+10	6. 65E+09	787011. 6
参数 γ	0. 6834	0. 5082	0. 7616	—
Panel B. 国有企业				
Year	*Assets*	*Total Value*	*Sales*	*Pay*
2005	5. 87E+09	6. 72E+09	4. 40E+09	294922. 2
2006	7. 30E+09	1. 05E+10	5. 06E+09	330122. 8
2007	1. 04E+10	2. 26E+10	7. 51E+09	459813. 8
2008	1. 21E+10	1. 50E+10	8. 59E+09	474388. 8
2009	1. 52E+10	2. 48E+10	9. 48E+09	521496
2010	1. 79E+10	2. 75E+10	1. 22E+10	599547. 2
2011	2. 00E+10	2. 43E+10	1. 41E+10	651824. 2
2012	2. 20E+10	2. 60E+10	1. 46E+10	653791. 4
2013	2. 36E+10	2. 66E+10	1. 52E+10	674239. 3
2014	2. 58E+10	3. 32E+10	1. 54E+10	691144. 6
2015	2. 83E+10	3. 84E+10	1. 49E+10	736341. 7
2016	3. 19E+10	3. 92E+10	1. 63E+10	776702. 8
参数 γ	0. 5438	0. 4913	0. 7033	—

3.3.4 对经理人“超级明星”现象的解释

本节前两部分分别对“均衡市场中经理人薪酬水平定理”中横截面预测和时间序列预测进行了实证检验，并分别针对我国国有企业和民营企业样本，估计出参数 γ 和 $\frac{\beta}{\alpha}$。接下来要分别估计出参数 α 和 β 的取值。参数 α 刻画了公司规模的分布，参数 β 刻画了经理人才能的分布。现实中经理人才能不可观测，即使有部分研究选取经理人教育程度等作为其才能的测度指标，但仅仅依靠学历衡量经理人才能具有很大的噪音。因此本书不直接估计经理人才能的分布参数 β，而是通过估计公司规模的分布参数 α 来间接计算出经理人才能的分布参数 β。

根据模型假设，公司规模服从指数为 $1/\alpha$ 的帕累托分布：$S(n) = A\, n^{-\alpha}$。参照 Gabaix and Landier（2008）的方法，本书逐年对前 500 家国有企业和前 500 家民营企业的情况进行模型（3-15）的回归，其中 Rank 即公司规模的排序 n，对 Rank 减 0.5 是为了尽可能消除小样本偏误（Gabaix and Ibragimov，2006）。

$$\ln(S) = -\alpha\ln(Rank - 0.5) + constant \tag{3-15}$$

图 3-6 中左图代表 2016 年最大的 500 家民营企业规模的分布，右图代表 2016 年最大的 500 家国有企业规模的分布。在 OLS 回归中，民营企业年度平均系数 α 为 1.34，标准差 0.0089，在 1%显著性水平下显著；国有企业年度平均系数 α 为 1.08，标准差 0.0194，在 1%显著性水平下显著。由此可见，我国最大的 500 家国有企业和民营企业规模分布大致上符合 Zipf 定律，即 $\alpha \backsimeq 1$。

截至目前，本书已经通过中国上市公司经理人实际薪酬与公司规模数据，对模型中的全部参数进行校准。在此进行总结：对于前 500 家民营企业，$\hat{\gamma} = 0.67$，$\widehat{\frac{\beta}{\alpha}} = 0.33$，$\hat{\alpha} = 1.34$，$\hat{\beta} = 0.45$；对于前 500 家国有企业，$\hat{\gamma} = 0.54$，$\widehat{\frac{\beta}{\alpha}} = 0.33$，$\hat{\alpha} = 1.08$，$\hat{\beta} = 0.36$。接下来考察经理人才能的边际变动对

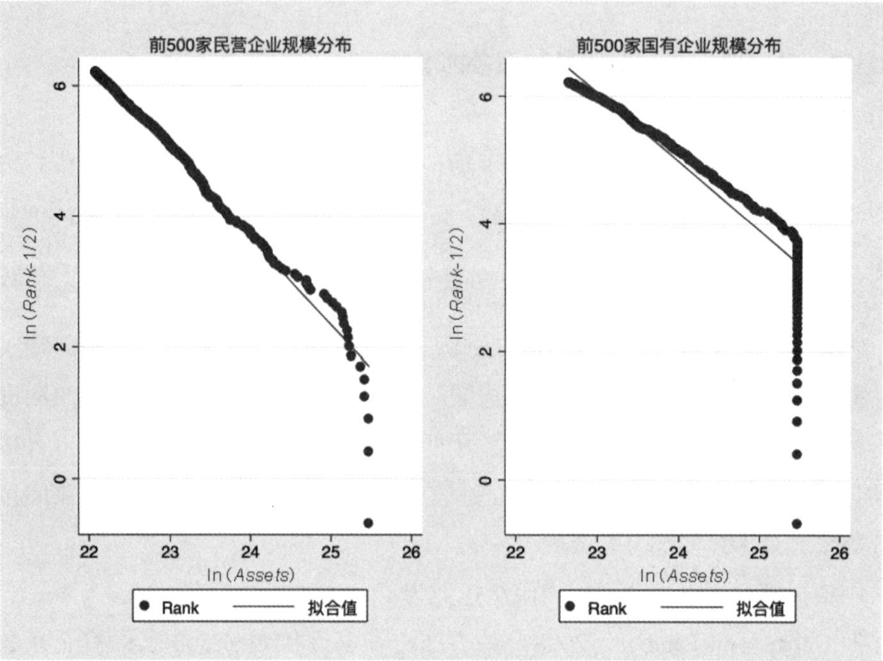

图 3-6 前 500 家国有（民营）企业规模分布（2016 年）图

公司规模的影响，以及需要额外支付的薪酬成本。对于参照公司（$n_* = 250$），根据等式（3-10），$w_* = D(n_*)S(n_*)^{\gamma} = S(n_*)^{\gamma}BC n_*^{\beta}/(\alpha\gamma - \beta)$，因此 $BC = (\alpha\gamma - \beta) w_* n_*^{-\beta}/S(n_*)^{\gamma}$。假设参照公司可以无摩擦地将现有经理人（排名第 250 位的经理人）替换为才能最高者（排名第 1 位的经理人），那么根据等式（3-3），经理人变更会导致公司价值提升 $C[T(1) - T(n_*)]S(n_*)^{\gamma}$，这意味着参照公司价值提升的比例为：

$$
\begin{aligned}
\frac{\Delta V}{V} &= \frac{C[T(1) - T(n_*)]S(n_*)^{\gamma}}{S(n_*)} = -CS(n_*)^{\gamma-1}\int_1^{n_*} T'(n)\mathrm{d}n \\
&= -CS(n_*)^{\gamma-1}\int_1^{n_*} B n^{\beta-1}\mathrm{d}n = S(n_*)^{\gamma-1}\frac{BC}{\beta}(n_*^{\beta} - 1) \\
&= S(n_*)^{\gamma-1}(\alpha\gamma/\beta - 1)(1 - n_*^{-\beta})\frac{w_*}{S(n_*)^{\gamma}} \\
&= (\alpha\gamma/\beta - 1)(1 - n_*^{-\beta})\frac{w_*}{S(n_*)} \qquad (3\text{-}16)
\end{aligned}
$$

与此同时，根据等式（3-10）与 $\alpha \leq 1$，替换经理人要付出的薪酬成本提升比例为：

$$\frac{w(1)}{w(250)} - 1 = \left[\frac{S(1)}{S(250)}\right]^{\gamma-\beta/\alpha} - 1 = (250)^{\gamma-\beta/\alpha} - 1 \qquad (3\text{-}17)$$

现考虑 2016 年的民营企业，参照公司（$n_* = 250$）的经理人实际薪酬为 $w_* = 41.9$ 万元，参照公司以账面总资产衡量的公司规模为 $S_* = 68.3$ 亿元。将数据代入等式（3-16）得到 0.0056%，代入等式（3-17）得到 554%。即对排名第 250 位的民营企业参照公司，如果将现有经理人替换为才能最高的经理人，公司价值增加 0.0056%，约 38.25 万元，而需要付出的额外薪酬成本为 232.13 万元。相似地，考虑 2016 年的国有企业，参照公司（$n_* = 250$）的经理人实际薪酬为 $w_* = 25.5$ 万元，参照公司以账面总资产衡量的公司规模为 $S_* = 162.5$ 亿元。将数据代入等式（3-16）得到 0.0008%，代入等式（3-17）得到 219%。即对排名第 250 位的国有企业参照公司，如果将现有经理人替换为才能最高的经理人，公司价值增加 0.0008%，约 13 万元，而需要付出的额外薪酬成本为 55.85 万元。由此可见，对于参照公司而言，雇佣“超级明星”经理人付出的薪酬成本远远高于其才能能够为公司带来的好处，因此并不是理性的选择。在这个经理人劳动力市场的匹配模型中，是公司规模的巨大差异造就了经理人的“超级明星”现象。在该模型中，经理人才能和公司规模的一一匹配，使得经理人才能的微小差异被公司规模的巨大差异放大，进而导致经理人之间薪酬水平的巨大差异。

3.4　本章小结

本章首先描述了我国上市公司 2005—2016 年经理人实际薪酬水平及其变化趋势，发现不同公司之间经理人薪酬差距较大，并且主要原因在于一小部分公司支付了其经理人极高的薪酬，被称为经理人“超级明星”现象。

针对公司经理人中的“超级明星”现象是否合理这一问题，本书从最优合约的角度，构建了一个经理人劳动力市场的匹配模型，将特定才能的经理人与特定规模的公司一一匹配。基于该模型，不同企业经理人薪酬的差距是由于公司规模的差距导致的，公司间经理人薪酬的差距实际上是经理人劳动力市场竞争性均衡的结果。即使经理人才能增加极少的部分，也会因为与其匹配的公司规模巨大而放大。进一步，本章利用实际高管薪酬数据，对模型的预测进行实证检验，发现了与模型预测相一致的证据，并且发现了有悖于“租金榨取观”的结果。基于本章的研究，近年来经理人薪酬的整体上涨主要是对公司规模整体扩张的一个均衡反应，而不仅仅是公司治理缺陷下经理人榨取租金的结果。那么，出于“租金榨取观”而出台的一系列对经理人薪酬不恰当的管制和舆论，反而可能抑制经理人施展才能并减少对其努力作为的激励，进而降低公司的经营效率并减少长期股东财富。

第四章　高管薪酬业绩敏感性的有效性

在高管薪酬的众多决定因素与机制中，公司规模与公司业绩一直被认为是最为关键的影响因素。本书的第三章通过构建一个经理人劳动力市场的一般均衡模型，重点考察了公司规模对高管薪酬的影响机制。但是，第三章的理论模型中仅仅考虑了高管的个人才能，忽略了高管努力对公司价值的影响，因此高管薪酬只包含对其人力资本的定价，不包含对风险与努力的回报。因此，本章将研究重点从公司规模转移到公司业绩，从高管才能转移到高管努力，从劳动力市场的一般均衡分析框架转移到信息不对称情况下的委托代理问题，考察当高管努力水平不可观测的情况下，股东如何基于可观测的公司业绩制定有效的高管薪酬合约，以激励高管做出有利于股东长期财富的决策。

本章第 4. 1 节首先构建了一个信息不对称环境下的委托代理模型，考察风险中性的股东如何通过制定合理的高管薪酬合约来解决风险厌恶型经理人的道德风险问题。在该模型中，还引入了可观测到的其他信号的作用，如市场行情或同行公司业绩，并显示求解出最优合约与可观测到的公司自身业绩以及同行业绩的关系，提出了相对业绩评估（relative performance evaluation，RPE）的理论基础。接下来，4. 2 节根据中国上市公司 2005—2016 年高管实际薪酬数据，对理论模型的预测进行实证检验。发现整体而言，我国上市公司在制定经理人薪酬合约时采用了相对业绩评估标准，但是该标准在不同行业和不同时期的运用程度存在差异。4. 3 节指出相对业绩评估的不对称性，考虑公司个体特点，如企业所有权性质、行业竞争程度、以及公司治理环境如何影响相对业绩评估在经理人薪酬合约中的运用，并探讨了强式相对业绩评估的应用。最后，4.4 节对本章内容进行了总结。

4.1 相对业绩评估的理论模型

在合约理论中，对模型设定的微小差异都可能会导致不同的合约特点。为了尽可能简洁地阐述相对业绩评价的理论基础，本章参照 Hölmstrom and Milgrom（1987）的模型设定，选取单期单变量的随机生产函数，来衡量风险中性型的股东以及风险厌恶型的经理人。给定薪酬合约时，经理人通过选择努力水平实现自身效用最大化；股东基于观测到的公司产出与同行公司业绩（信号）决定支付给经理人的薪酬。本书通过对股东与经理人效用函数形式的具体设定，将模型进一步简化，以求出线性合约的具体参数。

4.1.1 模型设定

假设公司的生产技术具有不确定性，公司产出水平（z）随着经理人努力（e）的增加而上升，但受到一个随机扰动项（ε）的影响，扰动项服从均值为 0，标准差为 σ 的正态分布。

$$z = e + \varepsilon,\ \varepsilon \sim N(0,\ \sigma^2) \tag{4-1}$$

努力水平只有经理人自身可知，股东无法观测。但公司产出水平股东和经理人均可观测到。此外，同行公司的产出水平（y）也可以被公司股东和经理人观测，作为额外的信号进入经理人薪酬合约。此处本书将同行公司的产出水平标准化均值表示为 0，标准差表示为 δ 的正态分布，并且其与公司自身产出水平的协相关系数为 ρ。

$$E[y] = 0,\ \mathrm{Var}[y] = \delta^2,\ \mathrm{Cov}[z,\ y] = \rho\sigma\delta \tag{4-2}$$

在完全竞争性的经理人市场中，股东基于可观测的公司自身业绩（z）以及同行公司业绩（y）来设定经理人合约 s（z，y），并向潜在经理人提出该合约，经理人做出是否接受的决定（take it or leave it）。假设，由于股东可以实现完全的风险分散，因此具有风险中性的效用函数形式 $V(x)=x$。经理人的风险厌恶，具有常相对风险厌恶系数为 γ 的指数型效用函数 $U(x)=-e^{-\gamma x}$，效用水平随净收入单调递增，但边际收益递减，即 $U'(x)>0$，$U''(x)<0$。对经理人而言，付出 e 的努力的成本为 $C(e)=\frac{1}{2}ge^2$，成本函数随努力程度单调递增，且边际成本递增，即 $C'(e)>0$，$C''(e)>0$。假设努力的成本可货币化（pecuniary），并且薪酬收入与努力成本具有线性累加性（additively），则经理人的净收入可表示为 $s(x, y)-C(e)$。经理人和股东的效用函数分别为：

$$U[s(z, y), e]=-\exp\left\{-\gamma\left[s(z, y)-\frac{1}{2}ge^2\right]\right\} \tag{4-3}$$

$$V[s(z, y)]=z-s(z, y) \tag{4-4}$$

4.1.2 最优合约

Hölmstrom and Milgrom（1987）的定理 7 正式证实了，当合约满足以下三个条件时：（1）代理人具有常相对风险厌恶型效用函数；（2）努力的成本可货币化；（3）生产函数的噪音项服从正态分布，最优合约符合线性形式。基于此，本书将经理人薪酬合约设定为：$s(z, y)=\beta+\alpha_1 z+\alpha_2 y$，即经理人薪酬由固定工资 β 以及和自身公司业绩 z 和同行公司业绩 y 相关的部分组成。

因此，股东的最优化问题可表述为：

$$\max_{\alpha_1, \alpha_2, \beta} E[z-s(z, y)] \tag{4-5}$$

$$\text{s.t.} \quad E\{U[s(z, y), e]\}\geqslant \bar{U} \tag{4-6}$$

$$e^*=\underset{e}{\arg\max} E\{U[s(z, y), e]\} \tag{4-7}$$

其中，（4-5）式指股东通过设定薪酬合约的具体参数 α_1，α_2 和 β 实现自身效用函数 $V[s(z, y)]$ 最大化。约束条件（4-7）表示经理人观测到合约形式，选择使自身效用函数 $U[s(z, y), e]$ 最大化的努力水平 e^*，即激励相容条件（incentive compatibility，IC）。同时，约束条件（4-6）说明经理人效用水平不低于其保留效用水平 $\bar{U}$，即外在雇佣机会，这是个人理性条件（individual rationality，IR）。

接下来，对最优化问题（4-5）式—（4-7）式进行模型求解。为简化计算，首先将经理人的效用函数 $U[s(z, y), e]$ 用确定性等价（certain e-quivalent，CE）来替代，其确定性等价为：

$$CE = \alpha_1 e + \beta - \frac{1}{2} g e^2 - \frac{\gamma}{2}(\alpha_1^2 \sigma^2 + \alpha_2^2 \delta^2 + 2\alpha_1 \alpha_2 \rho\sigma\delta) \quad (4-8)$$

基于（4-7）式和（4-8）式，经理人激励相容约束的一阶条件（first-order condition，FOC）为：

$$\alpha_1 - g e^* = 0 \text{，即 } e^* = \frac{\alpha_1}{g} \quad (4-9)$$

由于经理人市场完全竞争，因此均衡情况下经理人效用水平刚好达到其保留效用水平，即个人理性约束条件收紧（binding），否则具有议价能力的股东可以进一步降低薪酬水平以提升股东效用。因此（4-6）式应取等号，并将（4-8）（4-9）式代入（4-6）式，得到：

$$\beta = \frac{\gamma}{2}(\alpha_1^2 \sigma^2 + \alpha_2^2 \delta^2 + 2\alpha_1 \alpha_2 \rho\sigma\delta) - \frac{\alpha_1^2}{2g} + \bar{U} \quad (4-10)$$

接下来求解股东的最优化问题，将（4-9）式与（4-10）式代入（4-5）式可得：$E[z - s(z, y)] = (1 - \alpha_1) e - \beta = \frac{\alpha_1}{g} - \frac{\alpha_1^2}{2g} - \frac{\gamma}{2}(\alpha_1^2 \sigma^2 + \alpha_2^2 \delta^2 + 2\alpha_1 \alpha_2 \rho\sigma\delta) - \bar{U}$，因此（4-5）式的一阶条件为：

$$\frac{\partial E(\alpha_1, \alpha_2)}{\partial \alpha_1} = \frac{1}{g} - \frac{\alpha_1}{g} - \frac{\gamma}{2}(2\sigma^2 \alpha_1 + 2\alpha_2 \rho\sigma\delta) = 0 \quad (4-11)$$

$$\frac{\partial E(\alpha_1, \alpha_2)}{\partial \alpha_2} = -\frac{\gamma}{2}(2\delta^2 \alpha_2 + 2\alpha_1 \rho\sigma\delta) = 0 \quad (4-12)$$

由（4-12）式可知：$\alpha_2 = -\frac{\rho\sigma}{\delta}\alpha_1$，代入（4-11）式得到 $\alpha_1 = \frac{1}{1 + \gamma g \sigma^2 (1 - \rho^2)}$。将 α_1 与 α_2 代入可以得到最优的经理人努力水平和股东最大效用水平（公司利润）：

$$e^* = \frac{1}{[1 + \gamma g \sigma^2 (1 - \rho^2)] g}$$

$$\pi^* = \frac{1}{[1 + \gamma g\sigma^2(1 - \rho^2)]2g}$$

4.1.3 模型推论

根据以上的模型设定和最优线性薪酬合约的形式，有以下几条重要推论：

推论4-1：当公司本身业绩与同行公司业绩均可观测时，经理人的最优合约应该与公司自身业绩正相关（$\alpha_1 > 0$），与同行业公司业绩负相关（$\alpha_2 < 0$），这也是弱式相对业绩评估（weak-form RPE）的检验基础。

推论4-2：当公司本身业绩与同行公司业绩均可观测时，经理人的最优合约应该与公司自身业绩正相关（$\alpha_1 > 0$），与同行业公司业绩负相关（$\alpha_2 < 0$），并且 $\frac{\alpha_2}{\alpha_1} = -\rho\frac{\sigma}{\delta}$，在弱式相对业绩评估的基础上，考察经理人薪酬对公司自身业绩以及同行公司业绩敏感性之比是否为固定常数，这是强式相对业绩评估（strong-form RPE）。

推论4-3：当同行公司业绩不可观测时，最优合约为 $s(z, y) = \beta + \alpha_1 z$，且 $\alpha_1 = (1 + \gamma g\sigma^2)^{-1}$。因此，可观测的同行公司业绩这一额外信号的作用相当于将公司本身产出水平（z）的方差从 σ^2 减少到 $\sigma^2(1 - \rho^2)$。此外，当公司本身产出与行业产出完全相关时（$\rho = \pm 1$），最优努力水平可达到 $e^* = 1/g$，即不存在信息不对称情况下的最优努力水平，此时只需要设定 $\alpha_1 = 1$，$\alpha_2 = -\frac{\sigma}{\delta}\alpha_1$ 即可过滤掉所有的产出不确定性。

以上理论模型说明最优的经理人薪酬应当与公司业绩挂钩，即Hölmstrom（1979）提出的“信息原则”。进一步地，考虑到同行业公司业绩提供的额外信息，可以进一步发展出基于相对业绩评估的经理人薪酬合约，即经理人薪酬应该与过滤掉行业共同冲击后的相对业绩挂钩（Hölmstrom and Milgrom，1987）。尽管理论预测高管薪酬应该过滤掉经理人不能控制的行业部分，但是现实中却很少看到显性的相对业绩评价。例如，股票期权极少采用过滤掉行业或市场指数的指数化期权，限制性股票也都是基于绝对业绩的，即便奖金等收入理论上可以基于相对业绩，但事实上也很少有公司直接指明其高管薪酬的参照公司或者参照标准（Murphy，1999）。① 接下来，本章根据中国上市公司2005—2016年经理人实际薪酬数据，实证考察公司在制定经理人薪酬时是否使用了隐性的相对业绩评估。

4.2 相对业绩评估的实证检验

4.2.1 数据来源与变量定义

本书研究对象为2005—2016年沪深两市全部A股上市公司，样本期起始于2005年是由于从这一年起上市公司关于高管薪酬的披露才较为全面（方芳和李实，2015），因而可有效减轻样本自选择偏误。本书中上市公司经理人薪酬数据与公司财务数据、公司治理指标等均来自国泰安（CSMAR）数据库，公司所有权性质来自于Wind数据库。剔除了特别处理（ST）和特别转让（PT）的公司，剔除了金融类公司，并进一步剔除了薪酬数据、公司业绩数据以及控制变量缺失的样本，最后得到2740家公司的22032个公司的年度观测值。为减少异常值的影响，对所有变量分布两端1%的样本做了缩尾处理 。

对于高管薪酬的定义，本书参照辛清泉和谭伟强（2009）的研究，根据公司年报中披露的“董事、监事以及高管前三名薪酬总额”，除以3以计算出代表性经理人的平均薪酬，并根据城镇消费物价指数对经理人薪酬进行调整，将其调整为2005年价格水平下的实际薪酬。为计算高管薪酬对公

① 近年来，已经有一部分美国公司开始使用显性的相对业绩评估，即明确规定具体的参照公司名称，并在薪酬合约中披露当公司自身业绩超过参照公司业绩某比例时经理人获取的相应薪酬（Faulkender and Yang，2010；Gong et al. 2011）。但截至目前，显性的相对业绩评估在中国的上市公司中还很少见。

司业绩及同行业绩的敏感性，对实际薪酬水平取自然对数，得到 ln（*Pay*）。需要指出的是，本书只关注经理人货币性薪酬，而未考虑包括限制性股票和股票期权等在内的股权激励形式。这一方面是由于本书样本期较长，而股权激励起步较晚，并且迄今为止累计发行股权激励的公司不超过 1000 家，纳入股权激励会大大缩小本书的研究样本；另一方面，由于本书期望考察相对业绩评估，而我国所有上市公司发行的股权激励都是非指数化的，即没有施行相对业绩评估。因此本书聚焦于经理人货币性薪酬，包括年薪与津贴等收入。

对于公司业绩的衡量，本书采用会计业绩和股票业绩两类指标。会计业绩选择总资产收益率（*ROA*）以及净资产收益率（*ROE*），股票业绩选择考虑分红的年度股票回报率（*Ret*）。根据肖继辉（2005）对 2002 年横截面数据进行的统计，披露薪酬参照标准的公司中，大约有一半的公司都以同行业其他公司为参照，其他参照系分别为同地区公司、同市场公司以及规模相近的公司。因此本书在构建相对业绩标准时，以同行业其他公司业绩为参照，即扣除了公司自身后同行业其他公司的平均业绩。行业划分标准参照《证监会 2012 年行业分类标准》，其中除制造业取前两位代码外，其他行业取首位，共得到 21 个行业。

其他控制变量包括公司规模（*Size*），即总资产的自然对数；财务杠杆（*Leverage*），即总负债与总资产之比；第一大股东持股比例（*Shr*1）；管理层持股比例（*Exesh*）；董事会中独立董事占比（*Idsh*）；以及总经理与董事长是否两职合一的虚拟变量（*Duality*）。所有货币性变量均根据城镇消费物价指数调整为 2005 年价格水平下的实际量。

表 4-1 描述性统计表

变量名	观测值	平均值	标准差	p25	p50	p75
ln（*Pay*）	22032	12.7454	0.7472	12.2895	12.7556	13.2111
ROA	22032	0.0388	0.0576	0.0119	0.0347	0.0662
ROE	22032	0.0630	0.1373	0.0254	0.0689	0.1212
Ret	22032	0.3500	0.8144	-0.1961	0.1194	0.654
RPE_ ROA	22032	0.0388	0.0141	0.0312	0.0365	0.0476
RPE_ ROE	22032	0.0630	0.0296	0.0507	0.0598	0.0784
RPE_ Ret	22032	0.3500	0.6388	-0.087	0.2421	0.7281

续 表

变量名	观测值	平均值	标准差	p25	p50	p75
Size	22032	21.6836	1.2357	20.8038	21.5354	22.3782
Leverage	22032	0.4604	0.2095	0.2975	0.4653	0.6236
*Shr*1	22032	0.3571	0.1521	0.2351	0.3361	0.4672
Exesh	22032	0.0436	0.1121	0	0	0.0075
Idsh	22032	0.3683	0.0518	0.3333	0.3333	0.4000
Duality	22032	0.2111	0.4081	0	0	0

表4-1汇报了全样本的描述性统计结果。全样本中经理人薪酬对数的均值为12.75，约合34.46万人民币。对于公司会计业绩，平均而言，以总资产收益率（*ROA*）衡量的会计业绩为0.039，以净资产收益率（*ROE*）衡量的会计业绩为0.063，以年度股票收益率（*Ret*）衡量的市场业绩为35%，其中Ret标准差较大，代表不同公司的股票收益率差异较大，*ROE*、*ROA*标准差相对较小。公司平均规模为21.68，即总资产约26元亿人民币。平均而言，负债占总资产比例为46%，第一大股东持股比例为36%，管理层持股比例为4.36%，独立董事占比36.83%，约有21%的公司董事长与总经理两职合一。

表4-2　变量相关性统计表

Panel B. 公司特点					
	ROA	*ROE*	*Ret*	*RPE_ ROA*	*RPE_ ROE*
ROE	0.8263***	—	—	—	—
Ret	0.0988***	0.1049***	—	—	—
RPE_ ROA	0.1954***	0.1264***	0.0481***	—	—
RPE_ ROE	0.1436***	0.1526***	0.0991***	0.7779***	—
RPE_ Ret	0.0150**	0.0272***	0.7781***	0.0663***	0.1329***
Panel B. 公司特点					
	Size	*Leverage*	*Shr*1	*Exesh*	*Idsh*
Leverage	0.4117***	—	—	—	—
*Shr*1	0.2516***	0.0589***	—	—	—
Exesh	−0.1902***	−0.2782***	−0.0634***	—	—

续　表

Panel B. 公司特点					
Idsh	0.0247***	-0.0386***	0.0167**	0.1082***	—
Duality	-0.1383***	-0.1419***	-0.0672***	0.4316***	0.1029***

注：Panel A 报告了公司业绩测度的 Pearson 两两相关系数，Panel B 报告了其他控制变量的 Pearson 两两相关系数。变量定义如上，***，**，* 分别代表在 1%，5%与 10%显著性水平下显著。

表 4-2 汇报了各解释变量的相关系数矩阵。对于公司业绩的衡量，两种财务业绩指标的相关性较大，*ROA* 与 *ROE* 的相关系数 0.83；但是它们与市场业绩指标（*Ret*）之间的相关系数较小，相关系数约 0.1。这说明会计业绩与市场业绩衡量的是公司业绩表现的不同部分，两者不具有较强的替代性。就公司业绩与同行参照公司业绩之间的相关性而言，公司股票回报率 Ret 与同行参照公司平均股票回报（*RPE_ Ret*）之间的相关系数高达 0.78，而基于美国市场的相关研究估计出的个体股票汇报与行业平均回报的相关系数约为 0.43（Albuquerque，2009），说明在我国股票市场中行业同涨同跌现象严重，反映出的公司个体异质性信息十分有限，因此股价可能含有较大的噪音。对于两种会计指标与同行参照公司相应指标之间的相关性，公司自身 *ROA* 与同行参照公司平均业绩（*RPE_ ROA*）之间的相关系数为 0.1954，公司自身 *ROE* 与同行参照公司平均业绩（*RPE_ ROE*）之间的相关系数为 0.1526。以会计指标衡量业绩时，公司业绩与参照公司业绩的相关系数与美国的数据接近，Albuquerque（2009）指出 *ROA* 变动与行业 *ROA* 变动的相关系数约为 0.1。对于其他控制变量，公司规模与财务杠杆、第一大股东持股比例和独立董事占比正相关，与管理层持股和董事长总经理两职合一负相关。但各变量都不存在严重的多重共线性问题。

4.2.2　相对业绩评估

根据 4.1.3 关于理论模型的预测，本书构建了回归模型（4-13）对弱式相对业绩评估进行实证检验。

$$\ln (pay)_{it}=\alpha+\beta_1 FirmPerf_{it}+\beta_2 PeerPerf_{it} +\gamma Controls_{it}+\mu_j+\tau_t+\varepsilon_{it} \tag{4-13}$$

其中下标 i 代表上市公司个体，下标 t 代表年份。被解释变量，$\ln(pay)_{it}$，为公司代表性经理人实际薪酬的自然对数。解释变量有公司本身的业绩（$FirmPerf_{it}$）以及同行参照公司的业绩（$PeerPerf_{it}$），本书分别用会计业绩（*ROA*，*ROE*）与市场业绩（*Ret*）三种指标来衡量。其他控制变量包括公司规模（*Size*）、财务杠杆（*Leverage*）、第一大股东持股比例（*Shr*1）、管理层持股比例（*Exesh*）、董事会中独立董事占比（*Idsh*）以及董事长与总经理是否两职合一（*Duality*）。此外，模型（4-13）还加入了不随时间变化的行业固定效应（μ_j）以控制行业异质性，以及年份固定效应（τ_t）以控制共同的时间趋势的影响。

表4-3 汇报了模型（4-13）的回归结果。前三列依次单独以 *ROA*、*ROE* 和 *Ret* 为公司业绩指标进行检验。无论基于哪种业绩指标，经理人薪酬对公司自身业绩的敏感性都是正向的，并且在1%显著性水平下显著。具体而言，当公司总资产收益率（*ROA*）增加一个标准差，经理人实际薪酬平均增加17.3%（3.003 * 0.0576）；当公司净资产收益率（*ROE*）增加一个标准差，经理人实际薪酬平均增加14.3%（1.04 * 0.1373）；当公司年度股票回报（*Ret*）增加一个标准差，经理人实际薪酬平均增加2.1%（0.0259 * 0.8144）。由此可见，经理人薪酬对自身公司会计业绩指标的敏感性强于市场业绩指标。对于相对业绩评估，第（1）列中以 *ROA* 为业绩测度时，同行参照公司业绩（*REP_ ROA*）系数为-1.115，且在5%显著性水平下显著；第（2）列中以 *ROE* 为业绩测度时，同行参照公司业绩（*REP_ ROE*）系数为-0.544，且在1%显著性水平下显著。说明整体而言，以会计指标作为公司业绩测度时，上市公司在制定经理人薪酬时使用了相对业绩评估。第（3）列中以 *Ret* 为业绩测度时，同行参照公司业绩（*REP_ Ret*）系数不显著，说明以市场指标作为公司业绩测度时，没有发现使用相对业绩评估的证据。为了保证结果的稳健性，第（4）与（5）列分别在（1）和（2）的基础上，控制了以市场指标衡量的公司自身业绩与同行参照公司业绩，公司自身业绩（*ROA* 与 *ROE*）均显著为正，参照公司业绩（*RPE_ ROA* 和

RPE_ ROE）系数均显著为负，说明我国上市公司采用了基于会计指标的相对业绩评估，但未采用基于市场指标的相对业绩评估。

表 4-3 经理人薪酬与公司业绩及参照公司业绩敏感性的回归结果统计表

变量名	(1) ln（*Pay*）	(2) ln（*Pay*）	(3) ln（*Pay*）	(4) ln（*Pay*）	(5) ln（*Pay*）
ROA	3.003***	—	—	3.050***	—
	(0.09)	—	—	(0.09)	—
RPE_ ROA	−1.115**	—	—	−1.046**	—
	(0.46)	—	—	(0.47)	—
ROE	—	1.040***	—	—	1.052***
	—	(0.04)	—	—	(0.04)
RPE_ ROE	—	−0.544***	—	—	−0.523***
	—	(0.20)	—	—	(0.20)
Ret	—	—	0.0259***	−0.0268***	−0.0170**
	—	—	(0.01)	(0.01)	(0.01)
RPE Ret	—	—	−0.0309	−0.00364	−0.00522
	—	—	(0.03)	(0.03)	(0.03)
Size	0.277***	0.279***	0.316***	0.275***	0.278***
	(0.00)	(0.00)	(0.00)	(0.00)	(0.00)
Leverage	−0.297***	−0.458***	−0.684***	−0.289***	−0.454***
	(0.03)	(0.02)	(0.02)	(0.03)	(0.02)
*Shr*1	−0.461***	−0.436***	−0.385***	−0.460***	−0.436***
	(0.03)	(0.03)	(0.03)	(0.03)	(0.03)
Exesh	−0.0118	0.0365	0.0987***	−0.00976	0.0383
	(0.04)	(0.04)	(0.04)	(0.04)	(0.04)
Idsh	−0.156**	−0.184**	−0.260***	−0.154**	−0.183**
	(0.08)	(0.08)	(0.08)	(0.08)	(0.08)

续 表

变量名	(1) ln (*Pay*)	(2) ln (*Pay*)	(3) ln (*Pay*)	(4) ln (*Pay*)	(5) ln (*Pay*)
Duality	0.0096	0.01	0.01	0.00997	0.0103
	(0.01)	(0.01)	(0.01)	(0.01)	(0.01)
Constant	6.306***	6.359***	5.695***	6.331***	6.376***
	(0.09)	(0.09)	(0.09)	(0.09)	(0.09)
观测值	22, 230	22, 230	22, 230	22, 230	22, 230
行业固定效应	Yes	Yes	Yes	Yes	Yes
年份固定效应	Yes	Yes	Yes	Yes	Yes
R^2	0.387	0.377	0.347	0.388	0.377

注：解释变量第一行为 OLS 法估计的系数，第二行括号内数值为行业内聚集的稳健性标准误。***，**，*分别代表在 1%，5%与 10%显著性水平下显著。

现有的针对中国上市公司相对业绩评估的研究尚未得出一致的结果，究其原因，主要是样本期间的差异。例如，大多数研究选取 2006 年之前的研究样本，均未发现任何采用相对业绩评估的证据（郭福春，2006；周宏和张巍，2010）。随后的研究将样本期进行了扩展，但由于未对不同年份进行区分，整体而言也没有发现相对业绩评估标准的使用，例如周宏等（2014）考察了 2004—2012 年的 A 股上市公司，认为相对业绩评估标准并未广泛使用。考虑到我国在近十年间市场化进程的推进与公司治理改革取得的阶段性成果，本书将研究期限每四年为一组划分为三个时间段单独进行检验，以期发现相对业绩评估在不同时间段的应用程度。另外，由于行业属性以及政府干预程度的差异，本书将 21 个子行业划分为三类：全体制造业、公用事业①以及其他行业。制造业由于激烈行业内竞争市场化程度较高，而公用事业市场化程度较低，国有垄断与政府干预较为严重。基于此，本书将研究样本按照行业和时间段进行分组检验，重复回归模型（4-13）的检验，回归结果见表 4-4。

① 根据证监会 2012 年行业分类标准，本书定义以下子行业为公用事业：煤炭、金属、石油和天然气开采业（行业代码 B），水、燃气、电力和热力的生产和供应业（行业代码 D），公共设施管理与生态环境治理业（行业代码 N）。

表 4-4 分时间段分行业的相对业绩评估结果表

解释变量名	被解释变量：ln（*Pay*）								
	2005—2008 年			2009—2012 年			2013—2016 年		
	(1)	(2)	(3)	(4)	(5)	(6)	(7)	(8)	(9)
Panel A. 制造业									
ROA	3. 347***	—	—	3. 501***	—	—	3. 044***	—	—
	(0. 234)	—	—	(0. 208)	—	—	(0. 166)	—	—
RPE_ ROA	0. 471	—	—	-3. 929***	—	—	-3. 727***	—	—
	(1. 096)	—	—	(1. 270)	—	—	(0. 937)	—	—
ROE	—	0. 938***	—	—	1. 239***	—	—	1. 203***	—
	—	(0. 091)	—	—	(0. 088)	—	—	(0. 078)	—
RPE_ ROE	—	0. 787	—	—	-1. 963***	—	—	-1. 276*	—
	(0. 487)	—	—	(0. 561)	—	—	(0. 715)	—	—
Ret	—	—	0. 0004	—	—	0. 0448*	—	—	0. 0432***
	—	(0. 020)	—	—	(0. 023)	—	—	(0. 017)	
RPE_ Ret	—	—	-0. 0042	—	—	-0. 117***	—	—	-0. 0855***
	—	—	(0. 025)	—	—	(0. 029)	—	—	(0. 029)
观测值	2，728	2，728	2，728	4，163	4，163	4，163	6，199	6，199	6，199
R^2	0. 292	0. 267	0. 231	0. 305	0. 288	0. 246	0. 275	0. 266	0. 223

续 表

解释变量名	被解释变量：ln（*Pay*）								
	2005—2008 年			2009—2012 年			2013—2016 年		
	(1)	(2)	(3)	(4)	(5)	(6)	(7)	(8)	(9)
Panel B. 公用事业									
ROA	2.009***	—	—	1.968***	—	—	0.890**	—	—
	(0.416)	—	—	(0.574)	—	—	(0.389)	—	—
RPE_ ROA	0.162	—	—	1.362	—	—	1.52	—	—
	(1.144)	—	—	(1.311)	—	—	(1.396)	—	—
ROE	—	0.624***	—	—	0.685***	—	—	0.262*	—
	—	(0.168)	—	—	(0.231)	—	—	(0.142)	—
RPE_ ROE	—	0.182	—	—	0.779	—	—	0.624	—
	—	(0.541)	—	—	(0.800)	—	—	(0.593)	—
Ret	—	—	0.0445	—	—	-0.0245	—	—	0.0135
	—	—	(0.046)	—	—	(0.067)	—	—	(0.043)
RPE_ Ret	—	—	-0.0287	—	—	-0.0356	—	—	-0.0469
	—	—	(0.050)	—	—	(0.076)	—	—	(0.081)
观测值	521	521	521	623	623	623	765	765	765
R^2	0.447	0.44	0.42	0.383	0.376	0.362	0.296	0.293	0.286

续 表

解释变量名	被解释变量：ln（*Pay*）								
	2005—2008 年			2009—2012 年			2013—2016 年		
	(1)	(2)	(3)	(4)	(5)	(6)	(7)	(8)	(9)
Panel C. 其他行业									
ROA	2.948***	—	—	3.299***	—	—	2.182***	—	—
	(0.291)	—	—	(0.290)	—	—	(0.273)	—	—
RPE_ ROA	0.286	—	—	-0.253	—	—	-0.936	—	—
	(0.682)	—	—	(1.135)	—	—	(0.806)	—	—
ROE	—	0.871***	—	—	1.128***	—	—	0.942***	—
	—	(0.104)	—	—	(0.123)	—	—	(0.110)	—
RPE_ ROE	—	0.667**	—	—	1.698***	—	—	0.318	—
	—	(0.320)	—	—	(0.499)	—	—	(0.412)	—
Ret	—	—	0.0358	—	—	0.0376	—	—	-0.0145
	—	—	(0.027)	—	—	(0.030)	—	—	(0.022)
RPE_ Ret	—	—	-0.0387	—	—	-0.114***	—	—	0.00864
	—	—	(0.032)	—	—	(0.037)	—	—	(0.032)
观测值	1, 778	1, 778	1, 778	2, 370	2, 370	2, 370	3, 083	3, 083	3, 083
R^2	0.28	0.272	0.232	0.292	0.287	0.253	0.27	0.276	0.249

注：该表未报告其他控制变量的系数。解释变量第一行为 OLS 法估计的系数，第二行括号内数值为行业内聚集的稳健性标准误。***，**，*分别代表在 1%，5%与 10%显著性水平下显著。

表 4-4 汇报了分时间段和分行业的相对业绩评估结果，为了节省篇幅，本文省略其他控制变量的系数，仅汇报公司业绩与参照公司业绩的回归结果。前三列考察 2005—2008 年上市公司经理人薪酬与公司自身业绩和行业参照公司业绩的敏感性，中间三列考察 2009—2012 年的经理人薪酬与业绩的敏感性，最后三列考察 2013—2016 年经理人薪酬与业绩的敏感性。Panel A、Panel B 和 Panel C 分别汇报制造业、公用事业和其他行业上市公司的检验结果。根据表 4-4 可知：首先，经理人薪酬与公司自身业绩显著正相关，并且该结果在各个子样本中一致。以会计指标（*ROA* 和 *ROE*）测度公司业绩时，经理人薪酬对自身公司业绩在三类行业的三个不同时间段均显著为正；以市场指标（*Ret*）测度公司业绩时，经理人薪酬对自身公司业绩只有在制造业 2009—2012 年（显著性水平 10%）以及 2012—2016 年这两个时间段（显著性水平 1%）内显著为正。证明在不同行业、不同时间段内，上市公司制定高管薪酬时基本都已经与自身业绩挂钩。其次，分行业而言，只有在制造业公司中发现了使用相对业绩评估的证据。即同行参照公司业绩的系数只在制造业企业子样本中显著为负。最后，无论是基于会计指标还是市场指标的业绩测度，在 2009—2012 年以及 2013—2016 年这两个时期内，制造业公司经理人薪酬对同行参照公司业绩的敏感性都显著为负，即 Panel A 的第（4）到（9）列中参照公司业绩的系数（*RPE_ ROA*、*RPE_ ROE*、*RPE_ Ret*）显著为负。但在 2005—2008 年度内不显著，即 Panel A 的第（1）到（3）列中参照公司业绩的系数（*RPE_ ROA*、*RPE_ ROE*、*RPE_ Ret*）不显著。总而言之，表 4-4 的结果说明即使整体而言我国上市公司在制定经理人薪酬时已经采用了相对业绩评估，但应用范围在不同行业和不同时间段具有差异，2009 年之前大多数上市公司尚未采用相对业绩评估标准，但在 2009 年以后开始大规模采用，但是相对业绩评估只被应用于制造业公司，在公用事业和其他行业中仍然应用较少。

4.3 相对业绩评估的影响因素

接下来本书从相对业绩评估的不对称性、企业所有权性质、行业竞争度以及公司治理环境四个角度依次考察了它们对相对业绩评估应用的影响。

4.3.1 相对业绩评估的不对称性

现有文献已经广泛讨论了经理人薪酬业绩敏感性呈现出不对称性的特点。如方军雄（2009）考察经理人薪酬与公司自身业绩的敏感性，发现当公司业绩较好时，薪酬业绩敏感性较高，而当公司业绩较差时，薪酬业绩敏感性显著降低，认为经理人薪酬只随着公司业绩提升而增加，并不会因为业绩下滑而相应减少。也有众多学者认为公司在应用相对业绩评估时也会呈现不对称性（Garvey and Milbourn，2006；Albuquerque，2009；Chen et al.，2012）。国外学者的研究大多发现，相对业绩评估在公司业绩较差或行业与市场行情较差时应用更多，相对业绩评估尤其应用在解雇经理人的决策上。然而，国内相对于国外公司而言控股权十分集中，经理人依附于控股股东或直接由控股股东任命，第一类代理问题（股东与经理人）不如第二类代理问题（大股东与中小股东）严重。因此，本书预期在我国，相对业绩评估在公司业绩好时应用更为广泛，当公司自身业绩较差时，进一步过滤掉行业冲击可能会给经理人造成损失，因而避免使用相对业绩评估。Chen et al.（2012）对相对业绩评估在我国上市公司中的应用做了检验，但并未发现存在不对称性。考虑到样本期间的差异，本书进行了回归模型（4-14）的检验。

$$\begin{aligned}\ln(pay)_{it} = {} & \alpha + \beta_1 FirmPerf_{it} + \beta_2 PeerPerf_{it} \\ & + \beta_3 D\_\ Perf_{it} * FirmPerf_{it} + \beta_4 D\_\ Perf_{it} * PeerPerf_{it} \\ & + \beta_5 D\_\ Perf_{it} + \gamma Controls_{it} + \mu_j + \tau_t + \varepsilon_{it}\end{aligned} \tag{4-14}$$

模型（4-14）在模型（4-13）的基础上，加入了虚拟变量 $D\_\ Perf_{it}$，当公司业绩（*ROA*，*ROE* 或 *Ret*）低于当年所在行业全体公司业绩的最小四分位数时，该变量取1，否则取0。此外，为考察薪酬业绩敏感性以及相对业绩评估的不对称性，分别加入 $D\_\ Perf_{it}$ 与公司自身业绩和同行参照公司业绩的交互项：$D\_\ Perf_{it} * FirmPerf_{it}$ 与 $D\_\ Perf_{it} * PeerPerf_{it}$。

由表4-5可知，与方军雄（2009）的研究一致，本书发现经理人薪酬业绩敏感性存在不对称性。以 *ROA* 衡量业绩时，*ROA* * *D_ ROA* 系数在第（1）和第（4）列中均为负，并且在1%显著性水平下显著；以 *ROE* 衡量业绩时，*ROE* * *D_ ROE* 系数在第（2）和第（5）列中均为负，并且在1%显著性水平下显著。说明当公司自身业绩较差时，经理人薪酬与公司自身业绩的敏感性更低。与前文类似，基于市场指标衡量公司业绩时，经理人薪酬与公司业绩和参照公司业绩的敏感性较弱并且不稳健（后两列同时放入会计指标和市场指标时，市场指标系数与之前相反）。就相对业绩评价而言，第（1）和（2）列基于会计指标衡量公司业绩时，*RPE_ ROA* * *D_ ROA* 和 *RPE_ ROE* * *D_ ROE* 的系数均为正，并且分别在5%和1%显著性水平下显著。即使控制住市场业绩（*Ret*），第（4）列 *RPE_ ROA* * *D_ ROA* 和第（5）列 *RPE_ ROE* * *D_ ROE* 的回归系数依然显著为正。说明当公司业绩较差时（会计指标），公司更少使用相对业绩评估。

表4-5 经理人薪酬相对业绩评估的不对称性分析表

变量名	(1) ln (*Pay*)	(2) ln (*Pay*)	(3) ln (*Pay*)	(4) ln (*Pay*)	(5) ln (*Pay*)
ROA	3.539***	—	—	3.593***	—
	(0.132)	—	—	(0.133)	—
ROA * *D_ ROA*	-3.044***	—	—	-3.080***	—
	(0.212)	—	—	(0.213)	—
RPE_ ROA	-1.154**	—	—	-1.097**	—
	(0.511)	—	—	(0.519)	—
RPE_ ROA * *D_ ROA*	1.750**	—	—	1.794**	—
	(0.721)	—	—	(0.722)	—

续 表

变量名	(1) ln (*Pay*)	(2) ln (*Pay*)	(3) ln (*Pay*)	(4) ln (*Pay*)	(5) ln (*Pay*)
ROE	—	1.888***	—	—	1.932***
	—	(0.073)	—	—	(0.074)
*ROE * D_ ROE*	—	−1.797***	—	—	−1.836***
	—	(0.089)	—	—	(0.089)
RPE_ ROE	—	−0.902***	—	—	−0.885***
	—	(0.226)	—	—	(0.230)
*RPE_ ROE **	—	1.204***	—	—	1.227***
D_ ROE	—	(0.346)	—	—	(0.346)
Ret	—	—	0.0464***	−0.0154	−0.0209**
	—	—	(0.011)	(0.010)	(0.010)
*Ret * D_ Ret*	—	0.131**	0.112*	0.102*	—
	—	—	(0.060)	(0.058)	(0.058)
RPE_ Ret	—	—	−0.0709**	−0.0224	−0.0157
	—	—	(0.032)	(0.032)	(0.031)
*RPE_ Ret **	—	—	0.021	−0.0242	−0.017
D_ Ret	—	—	(0.041)	(0.040)	(0.039)
D_ ROA	−0.160***	—	—	−0.162***	—
	(0.030)	—	—	(0.030)	—
D_ ROE	—	−0.149***	—	—	−0.150***
	—	(0.025)	—	—	(0.025)
D_ Ret	—	—	0.0185	0.0486**	0.0464**
	—	—	(0.021)	(0.020)	(0.020)
控制变量	Yes	Yes	Yes	Yes	Yes
观测值	22, 032	22, 032	22, 032	22, 032	22, 032
行业固定效应	Yes	Yes	Yes	Yes	Yes
年份固定效应	Yes	Yes	Yes	Yes	Yes
R^2	0.397	0.397	0.349	0.398	0.398

注：该表未报告其他控制变量的系数。解释变量第一行为 OLS 法估计的系数，第二行括号内数值为行业内聚集的稳健性标准误。***，**，* 分别代表在 1%，5%与 10%显著性水平下显著。

4.3.2 所有权性质与相对业绩评估

国有企业和民营企业在企业运营、经理人任命制度与政府干预程度等方面都存在巨大差异，本书预期相对业绩评估在两类企业中也具有不同的应用。基于此，本书基于企业实际控制人属性对企业所有权性质进行定义，首先剔除了实际控制人缺失以及实际控制人为外资、集体的样本。接着定义虚拟变量 SOE_{it} ，当企业实际控制人为中央政府或地方政府时，取值为1；否则取值为0。在回归模型（4-13）的基础上加入企业所有权性质（ SOE_{it} ）以及其与公司业绩和参照公司业绩的交互项：$SOE_{it} * FirmPerf_{it}$ 与 $SOE_{it} * PeerPerf_{it}$ ，进行了回归模型（4-15）的检验。

$$\begin{aligned}\ln(pay)_{it} = \alpha + \beta_1 FirmPerf_{it} + \beta_2 PeerPerf_{it} \\ + \beta_3 SOE_{it} * FirmPerf_{it} + \beta_4 SOE_{it} * PeerPerf_{it} \\ + \beta_5 SOE_{it} + \gamma Controls_{it} + \mu_j + \tau_t + \varepsilon_{it}\end{aligned} \quad (4-15)$$

表 4-6 企业所有权性质与经理人薪酬相对业绩评估表

变量名	(1) ln（Pay）	(2) ln（Pay）	(3) ln（Pay）	(4) ln（Pay）	(5) ln（Pay）
ROA	2.435***	—	—	2.479***	—
	(0.123)	—	—	(0.124)	—
*ROA * SOE*	0.958***	—	—	0.950***	—
	(0.168)	—	—	(0.169)	—
RPE_ ROA	-2.483***	—	—	-2.394***	—
	(0.654)	—	—	(0.660)	—
*RPE_ ROA * SOE*	1.345**	—	—	1.268*	—
	(0.673)	—	—	(0.675)	—
ROE	—	0.865***	—	—	0.877***
	—	(0.057)	—	—	(0.057)

续　表

变量名	(1) ln (*Pay*)	(2) ln (*Pay*)	(3) ln (*Pay*)	(4) ln (*Pay*)	(5) ln (*Pay*)
ROE * *SOE*	—	0.293***	—	—	0.287***
	—	(0.073)	—	—	(0.074)
RPE_ ROE	—	-1.073***	—	—	-1.027***
	—	(0.283)	—	—	(0.286)
RPE_ ROE * *SOE*	—	0.560*	—	—	0.503
	—	(0.312)	—	—	(0.314)
Ret	—	—	0.0136	-0.0265**	-0.0182
	—	—	(0.012)	(0.012)	(0.012)
Ret * *SOE*	—	—	0.0251	0.00886	0.00991
	—	—	(0.018)	(0.017)	(0.018)
RPE_ Ret	—	—	-0.0264	-0.00653	-0.00611
	—	—	(0.033)	(0.032)	(0.033)
RPE_ Ret * *SOE*	—	—	-0.00276	0.0154	0.0128
	—	—	(0.023)	(0.022)	(0.022)
SOE	-0.115***	-0.0856***	-0.0567***	-0.121***	-0.0904***
	(0.027)	(0.021)	(0.012)	(0.027)	(0.022)
控制变量	Yes	Yes	Yes	Yes	Yes
观测值	20，092	20，092	20，092	20，092	20，092
行业固定效应	Yes	Yes	Yes	Yes	Yes
年份固定效应	Yes	Yes	Yes	Yes	Yes
R^2	0.384	0.376	0.345	0.385	0.376

注：该表未报告其他控制变量的系数。解释变量第一行为 OLS 法估计的系数，第二行括号内数值为行业内聚集的稳健性标准误。***，**，*分别代表在1%，5%与10%显著性水平下显著。

由表4-6可知，第（1）和（4）列以 *ROA* 衡量企业业绩时，*ROA* * *SOE* 系数在1%显著性水平下显著为正，分别为0.958和0.95；第（2）和（5）列以 *ROE* 衡量企业业绩时，*ROE* * *SOE* 系数在1%显著性水平下显著为正，分别为 0.293 和 0.287。这说明国有企业中经理人薪酬业绩敏感性更强，这与姜付秀等（2014）的研究结果一致，由于国有企业受到更多的法规监管与媒体关注，国有企业经理人薪酬契约相比于民营企业反而更看重公司业绩。就相对业绩评价而言，第（1）和（4）列 *RPE_ ROA * SOE* 系数分别为 1.345 和 1.268，并且在 5%和 10%显著性水平下显著。第（2）和（5）列 *RPE_ ROE * SOE* 系数分别为 0.56 和 0.503，前者在 10%显著性水平下显著。说明相比于民营企业，国有企业在制定经理人薪酬时，较少采用相对业绩评估，这与 Chen et al.（2012）的研究结果一致。尽管国务院国有资产监督管理委员会陆续出台了一系列旨在加强国企经理人薪酬相对业绩评估的法规，如 2006 年发布的《中央企业综合绩效评价实施细则》和 2008 年《中央企业负责人年度经营业绩考核补充规定》，但相对业绩评估在国有企业中的应用仍十分有限。

4.3.3 行业竞争度与相对业绩评估

由于相对业绩评估以同行业其他公司为参照系，因此公司所在行业的竞争性程度可能会影响经理人薪酬合约的设计。在不完全竞争的市场中，由于公司之间的策略性竞争行为，直接采用相对业绩评估是不合理的（Janakiraman et al.，1992）。Aggarwal and Samwick（1999）具体考察了寡头竞争市场中经理人的最优薪酬合约，从理论上证实了最优经理人薪酬应当与公司本身和竞争对手业绩都正相关，以策略性减轻产品市场的竞争。因此，本书预期相对业绩评估可能更适用于竞争性较强的市场，而不适合于垄断性行业。

为了对以上预测进行检验，本书采用赫芬达尔指数（Herfindahl-Hirschman Index，HHI）来衡量行业竞争度，具体计算公式为：$HHI = \sum_{i=1}^{N} (X_i/X)^2$，其中 N 代表该行业总企业数量，$X_i$ 由代表企业 i 的销售收入，X 代表该行业所有企业的销售收入之和，因此 *HHI* 越小，则行业竞争性越强，反之行业越趋于垄断性。在回归模型（4-13）的基础上加入行业竞争度（HHI_{it}）以及其与公司业绩和参照公司业绩的交互项：$HHI_{it} * FirmPerf_{it}$ 与 $HHI_{it} * PeerPerf_{it}$，由于行业竞争度（HHI_{it}）已经包含了行业异质性，不再控制行业固定效应，进行了回归模型（4-16）的检验。

$$\ln(pay)_{it} = \alpha + \beta_1 FirmPerf_{it} + \beta_2 PeerPerf_{it} + \beta_3 HHI_{it} * FirmPerf_{it} + \beta_4 HHI_{it} * PeerPerf_{it} + \beta_5 HHI_{it} + \gamma Controls_{it} + \tau_t + \varepsilon_{it} \quad (4-16)$$

表 4-7　行业竞争度与经理人薪酬相对业绩评估表

变量名	(1) ln（Pay）	(2) ln（Pay）	(3) ln（Pay）	(4) ln（Pay）	(5) ln（Pay）
ROA	3.314***	—	—	3.378***	—
	(0.176)	—	—	(0.169)	—
ROA * *HHI*	-2.782***	—	—	-2.996***	—
	(0.965)	—	—	(0.973)	—
RPE_ ROA	-4.169*	—	—	-4.232*	—
	(2.309)	—	—	(2.283)	—
RPE_ ROA * *HHI*	13.15**	—	—	12.41**	—
	(5.837)	—	—	(5.742)	—
ROE	—	1.128***	—	—	1.144***
	—	(0.065)	—	—	(0.062)
ROE * *HHI*	—	-0.758*	—	—	-0.826*
	—	(0.428)	—	—	(0.439)
RPE_ ROE	—	1.09	—	—	1.064
	—	(0.995)	—	—	(1.001)
RPE_ ROE * *HHI*	—	-3.598	—	—	-3.896
	—	(2.563)	—	—	(2.529)
Ret	—	—	0.0216	-0.0395***	-0.0270**
	—	—	(0.013)	(0.008)	(0.010)
Ret * *HHI*	—	—	0.072	0.149**	0.118
	—	—	(0.089)	(0.071)	(0.073)

续 表

变量名	(1) ln (*Pay*)	(2) ln (*Pay*)	(3) ln (*Pay*)	(4) ln (*Pay*)	(5) ln (*Pay*)
RPE_ Ret	—	—	0. 0915**	0. 126***	0. 106***
	—	—	(0. 036)	(0. 034)	(0. 036)
*RPE_ Ret * HHI*	—	—	-0. 0968	-0. 189**	-0. 114
	—	—	(0. 097)	(0. 089)	(0. 082)
HHI	-0. 473	0. 22	-0. 0474	-0. 424	0. 234
	(0. 316)	(0. 251)	(0. 217)	(0. 305)	(0. 232)
控制变量	Yes	Yes	Yes	Yes	Yes
观测值	22, 032	22, 032	22, 032	22, 032	22, 032
年份固定效应	Yes	Yes	Yes	Yes	Yes
R^2	0. 368	0. 358	0. 323	0. 369	0. 358

注：该表未报告其他控制变量的系数。解释变量第一行为 OLS 法估计的系数，第二行括号内数值为行业内聚集的稳健性标准误。***，**，*分别代表在 1%，5%与 10%显著性水平下显著。

对于经理人薪酬与公司自身业绩的敏感性，表 4-7 第（1）和（4）列以 *ROA* 衡量企业业绩时，*ROA * HHI* 系数在 1%显著性水平下显著为负，分别为-2. 782 和-2. 996；第（2）和（5）列以 *ROE* 衡量企业业绩时，*ROE * HHI* 系数在 10%显著性水平下显著为负，分别为-0. 758 和-0. 826。这说明当行业竞争性程度较弱时，经理人薪酬业绩敏感性也较弱。就相对业绩评价而言，表 4-7 第（1）和（4）列 *RPE_ ROA * HHI* 系数分别为 13. 15 和 12. 41，并且在 5%显著性水平下显著；第（2）和（5）列 *RPE_ ROE * HHI* 的系数均不显著。说明当行业越趋向于垄断，企业在制定经理人薪酬时，越少采用相对业绩评估。该结论与周宏等（2014）针对中国上市公司 2004—2012 年薪酬数据的研究结果一致。

4. 3. 4　公司治理与相对业绩评估

最优合约理论认为经理人薪酬应当与公司自身业绩挂钩，并过滤掉公司业绩由于外在行业冲击导致的不受经理人控制的部分。针对现实中观测到的经理人薪酬合约不符合最优合约预测的现象，以 Bebchuk and Fried（2004）为代表的学者提出了“租金榨取观”，认为由于公司治理缺陷与 CEO 权力过大，CEO 为自己制定了薪酬而榨取了公司利益。因此本书期望检验公司内部治理环境是否会影响公司本身薪酬业绩敏感性以及相对业绩评估的使用。

为综合衡量公司的治理环境，本书参照白重恩等（2005）的研究方法，通过一系列反映公司治理内外部机制的变量，运用主元分析法（Principal Component Analysis，PCA）生成了一个反映上市公司治理水平的综合指标 *G_ Index*。具体而言，选择了以下八个治理变量：CEO 与董事长是否两职合一的虚拟变量（*Duality*）；董事会中外部董事占比（*Idsh*）；高管持股比例（*Exesh*）；第一大股东持股比例（*Shr*1）；第二至十大股东持股集中度（*HHI*2-10）；企业是否拥有母公司的虚拟变量（*Parent*）；企业是否在海外其他市场挂牌上市的虚拟变量（*Crosslist*）；企业是否属于国有控股公司的虚拟变量（*SOE*）。主元分析法利用降维的思想，在损失较少信息的前提下把以上八个指标转化为较少的综合指标，本书将主元分析法得出的第一大指标定义为 *G_ Index*。本书分年度计算个公司个体的综合治理指数 *G_ Index*，该指标越人，代表公司内部治理环境相对较好。在回归模型（4-13）的基础上加入公司治理指数（$G\_ Index_{it}$）以及其与公司业绩和参照公司业绩的交互项：$G\_ Index_{it} * FirmPerf_{it}$ 与 $G\_ Index_{it} * PeerPerf_{it}$，进行了回归模型（4-17）的检验。由于综合治理指数 G_ Index 已经包含部分控制变量的信息，因此模型（4-17）中控制变量仅包含公司规模（*Size*）与财务杠杆（*Leverage*）。

$$\begin{aligned}\ln(pay)_{it} = {} & \alpha + \beta_1 FirmPerf_{it} + \beta_2 PeerPerf_{it} \\ & + \beta_3 G\_ Index_{it} * FirmPerf_{it} + \beta_4 G\_ Index_{it} * PeerPerf_{it} \\ & + \beta_5 G\_ Index_{it} + \gamma Controls_{it} + \tau_t + \varepsilon_{it} \qquad (4-17)\end{aligned}$$

表 4-8　公司治理环境与经理人薪酬相对业绩评估表

变量名	(1) ln (*Pay*)	(2) ln (*Pay*)	(3) ln (*Pay*)	(4) ln (*Pay*)	(5) ln (*Pay*)
ROA	2.957***	—	—	2.999***	—
	(0.172)	—	—	(0.177)	—
ROA * *G_ Index*	-0.287**	—	—	-0.287**	—
	(0.127)	—	—	(0.127)	—
RPE_ ROA	-1.280*	—	—	-1.209*	—
	(0.629)	—	—	(0.664)	—
RPE_ ROA * *G_ Index*	-0.25	—	—	-0.265	—
	(0.491)	—	—	(0.478)	—
ROE	—	1.072***	—	—	1.084***
	—	(0.066)	—	—	(0.064)
ROE * *G_ Index*	—	-0.622*	—	—	-0.667*
	—	(0.346)	—	—	(0.350)
RPE_ ROE	—	-0.566*	—	—	-0.547*
	—	(0.276)	—	—	(0.286)
RPE_ ROE * *G_ Index*	—	-0.366	—	—	-0.384
	—	(0.283)	—	—	(0.276)
Ret	—		0.0247**	-0.0284***	-0.0195**
	—	—	(0.010)	(0.008)	(0.008)
Ret * *G_ Index*	—	—	0.0469	0.0554	0.0608
	—	—	(0.052)	(0.035)	(0.040)
RPE_ Ret	—	—	-0.034	-0.00782	-0.00701
	—	—	(0.021)	(0.021)	(0.020)
RPE_ Ret * *G_ Index*	—	—	0.0062	0.00357	0.00485
	—	—	(0.006)	(0.004)	(0.004)

续 表

变量名	(1) ln (*Pay*)	(2) ln (*Pay*)	(3) ln (*Pay*)	(4) ln (*Pay*)	(5) ln (*Pay*)
G_ Index	0. 123***	0. 126***	0. 110***	0. 121***	0. 125***
	(0. 023)	(0. 018)	(0. 023)	(0. 023)	(0. 018)
控制变量	Yes	Yes	Yes	Yes	Yes
观测值	22, 032	22, 032	22, 032	22, 032	22, 032
行业固定效应	Yes	Yes	Yes	Yes	Yes
年份固定效应	Yes	Yes	Yes	Yes	Yes
R^2	0. 393	0. 382	0. 352	0. 393	0. 383

注：该表未报告其他控制变量的系数。解释变量第一行为 OLS 法估计的系数，第二行括号内数值为行业内聚集的稳健性标准误。***，**，*分别代表在 1%，5%与 10%显著性水平下显著。

由表 4-8 可知，“租金榨取观”并不能解释中国上市公司经理人薪酬的制定原理。第（1）和（4）列以 *ROA* 衡量企业业绩时，*ROA* * *G_ Index* 系数在 5%显著性水平下显著为负；第（2）和（5）列以 *ROE* 衡量企业业绩时，*ROE* * *G_ Index* 系数在 10%显著性水平下显著为负。这说明当公司综合治理环境较好时，经理人薪酬与公司自身业绩的敏感性越低，有悖于“租金榨取观”，反而更符合 Fahlenbrach（2009）提出的“替代性假说”，即股东认为好的公司治理和较高的薪酬业绩敏感性在激励 CEO 上具有替代作用。但是，国内的学者针对该现象给出了其他解释，那当公司治理较弱时，经理人通过会计盈余操纵使企业会计业绩虚高。在这种情况下，更高的薪酬业绩敏感性反而可以为经理人带来更高的薪酬水平。权小锋等（2010）发现经理人权力越大时，其薪酬与操纵性会计业绩之间的敏感性越大。就相对业绩评价而言，表 4-8 中所有参照公司业绩指标（*RPE_ ROA*，*RPE_ ROE*，*RPE_ Ret*）与公司治理指数（*G_ Index*）的交互项系数均不显著，说明公司治理环境并不显著影响相对业绩评估在经理人薪酬中的应用。

4.3.5 强式相对业绩评估

以上的检验都是针对 4.1.3 模型推论 4-1 关于弱式相对业绩评估的检验，即经理人薪酬与公司自身业绩正相关，与同行参照公司业绩负相关。本书针对 2005—2016 年中国上市公司经理人实际薪酬数据，发现整体而言经理人薪酬采用了相对业绩评估，但是相对业绩评估主要集中于制造业公司，并且在 2009 年之后才开始全面应用。进一步地，相对薪酬评估存在不对称性，并且企业所有权性质、行业竞争度以及公司治理环境都会影响薪酬业绩敏感性以及相对业绩评估的应用。接下来本节针对 4.1.3 中模型推论 4-2，考察我国上市公司经理人薪酬是否符合强式相对业绩评估。

现将方程（4-13）简写为方程（4-18），以上关于弱式相对业绩评估的检验旨在考察方程（4-18）中系数是否满足：$\beta_1 > 0, \beta_2 < 0$。

$$\ln(pay)_{it} = \alpha + \beta_1 FirmPerf_{it} + \beta_2 PeerPerf_{it} + \varepsilon_{it} \tag{4-18}$$

但是，根据 4.1 部分的理论分析，最优合约不仅要满足$\beta_1 > 0, \beta_2 < 0$，还应满足 $\frac{\alpha_2}{\alpha_1} = -\rho\frac{\sigma}{\delta}$，其中 ρ 为公司业绩和同行参照公司业绩之间的相关系数，σ 和 δ 分别代表公司业绩和参照公司业绩的不确定性。Antle and Smith（1986）首次提出了基于两步法实证检验强式相对业绩评估的思路，这一方法其后广泛应用于文献中。第一步，将公司自身业绩对行业参照公司平均业绩做回归，即回归模型（4-19）。因此，公司自身业绩可以分解为系统性部分（SysPerf）：$\widehat{c + \rho PeerPerf_{it}}$，即可以由同行业参照公司业绩预测的部分，以及非系统性部分（UnsysPerf）：$\widehat{v_{it}}$。

$$FirmPerf_{it} = c + \rho PeerPerf_{it} + v_{it} \tag{4-19}$$

$$\ln(pay)_{it} = \alpha + \delta_1 UnsysPerf_{it} + \delta_2 SysPerf_{it} + \varepsilon_{it} \tag{4-20}$$

第二步，根据模型（4-20）将经理人薪酬对公司业绩的系统性部分与非系统性部分进行回归。在该方法中，只要假设回归系数 c 和 ρ 不随公司变化，检验强式相对业绩评估的原假设 H_0：$\frac{\alpha_2}{\alpha_1} = -\rho\frac{\sigma}{\delta}$，即等同于检验模型

（4-20）中的原假设 H_0：$\delta_2 = 0$。本书根据 Antle and Smith（1986）的两步法思路对强式相对业绩评估进行实证检验。

表 4-9 经理人薪酬强式相对业绩评估表

变量名	(1) ln (Pay)	(2) ln (Pay)	(3) ln (Pay)	(4) ln (Pay)	(5) ln (Pay)
Unsys_ ROA	2.991***	—	—	3.038***	—
	(0.089)	—	—	(0.090)	—
Sys_ ROA	1.178	—	—	1.358	—
	(0.938)	—	—	(0.953)	—
Unsys_ ROE	—	1.030***	—	—	1.041***
	—	(0.037)	—	—	(0.037)
Sys_ ROE	—	-0.0111	—	—	0.0339
	—	(0.412)	—	—	(0.417)
Unsys_ Ret	—	—	0.0271***	-0.0259***	-0.0161*
	—	—	(0.008)	(0.008)	(0.008)
Sys_ Ret	—	—	-0.00381	-0.0288	-0.0179
	—	—	(0.035)	(0.035)	(0.035)
Size	0.279***	0.281***	0.317***	0.277***	0.280***
	(0.004)	(0.004)	(0.004)	(0.004)	(0.004)
Leverage	-0.296***	-0.459***	-0.684***	-0.287***	-0.455***
	(0.026)	(0.025)	(0.024)	(0.026)	(0.025)
*Shr*1	-0.466***	-0.441***	-0.390***	-0.465***	-0.440***
	(0.028)	(0.028)	(0.029)	(0.028)	(0.028)
Exesh	-0.00959	0.0388	0.101***	-0.00773	0.0404
	(0.038)	(0.038)	(0.038)	(0.038)	(0.038)
Idsh	-0.154**	-0.185**	-0.266***	-0.152**	-0.184**
	(0.077)	(0.077)	(0.080)	(0.077)	(0.077)
Duality	0.0111	0.0119	0.0117	0.0115	0.0121
	(0.011)	(0.011)	(0.012)	(0.011)	(0.011)

续 表

变量名	(1) ln (*Pay*)	(2) ln (*Pay*)	(3) ln (*Pay*)	(4) ln (*Pay*)	(5) ln (*Pay*)
Constant	6.280***	6.317***	5.666***	6.305***	6.335***
	(0.092)	(0.093)	(0.092)	(0.093)	(0.094)
观测值	22, 032	22, 032	22, 032	22, 032	22, 032
行业固定效应	Yes	Yes	Yes	Yes	Yes
年份固定效应	Yes	Yes	Yes	Yes	Yes
R^2	0.388	0.378	0.347	0.388	0.378

注：解释变量第一行为 OLS 法估计的系数，第二行括号内数值为行业内聚集的稳健性标准误。***，**，* 分别代表在 1%，5%与 10%显著性水平下显著。

表 4-9 给出了 2005—2016 年间我国上市公司经理人薪酬是否满足强式相对业绩评估的检验结果。前三列分别基于总资产收益率（*ROA*）、净资产收益率（*ROE*）以及年度股票回报率（*Ret*）测度公司业绩，一致地发现了符合强式相对业绩评估的证据。其中非系统性公司业绩部分（*Unsys_ ROA*、*Unsys_ ROE*）的系数都在 1%显著性水平下为正，且系统性公司业绩部分（*Sys_ ROA*、*Sys_ ROE*、*Sys_ Ret*）的系数均不显著。后两列同时加入了会计指标和市场指标测度的公司业绩，发现只有基于会计指标测度公司业绩时，强式相对业绩评价的结果稳健。

4.4 本章小结

本章全面考察了上市公司高管薪酬与公司业绩的关系。在传统代理模型的基础上，本章引入了可观测到的同行公司业绩作为额外信号，显示求解出最优合约与可观测到的公司自身业绩以及同行业绩的关系，发现经理人薪酬应当与过滤掉外生行业冲击后的公司业绩正相关。该理论模型提出了相对业绩评估的理论基础，并进一步证实了 Hölmstrom（1979）的“信息原则”，即任何有利于更准确评估代理人努力的信息都是有价值的，因为它在提供相同的努力激励下，减少了风险厌恶型代理人由于不确定性产生的成本。接着，本章根据中国上市公司 2005—2016 年高管实际薪酬数据，对相对业绩评估的理论模型预测进行了实证检验。发现整体而言，我国上市公司在制定经理人薪酬合约时采用了基于会计指标的相对业绩评估，但未采用基于市场指标的相对业绩评估。此外，相对业绩评估在不同行业和不同时期的运用程度存在差异，相对业绩评估主要集中于制造业公司，并且在 2009 年之后开始全面应用。本章进一步考察了公司个体特点对相对业绩评估的影响，指出相对业绩评估存在不对称性，当公司业绩较好时相对业绩评估应用更加广泛。此外，本书还考察了企业所有权性质、行业竞争程度以及公司治理环境是否会影响相对业绩评估在经理人薪酬合约中的运用，发现其他条件相同时，民营企业、竞争性程度较高的行业都会更多地运用相对业绩评估，但公司治理环境对相对业绩评估的应用没有显著影响。最后，本章考察了强式相对业绩评估理论，发现基于会计指标（ROA 和 ROE）来衡量公司业绩时，支持强式相对业绩评估，但并未发现证据支持市场指标（Ret）衡量业绩下的强式相对业绩评估。

第五章　高管薪酬结构的有效性

第三章与第四章聚焦于高管的货币性薪酬（包含基本工资与津贴），将高管薪酬作为一个研究整体，依次考察了公司规模和公司业绩这两个影响高管薪酬的关键因素，并探讨了高管薪酬水平以及薪酬业绩敏感性的有效性，但未对高管薪酬的具体组成部分进行区分。本章期望考察高管薪酬的内在结构，即货币薪酬、股票以及期权三类具体组成部分配置上的有效性。根据最优合约理论，最优的高管薪酬应当能够促使经理人选择最大化公司价值的努力水平。Grossman and Hart（1983）提出“两步法”来求解这一最优薪酬合约。第一步考虑给定经理人的努力水平（ $\bar{e}$ ）的情况下，寻找对股东而言最节省薪酬成本的合约 $\pi(\bar{e})$ ；第二步，股东在第一步所求出的所有努力水平与最便宜合约的组合（ $\bar{e}$, $\pi(\bar{e})$ ）中进行选择，以选出能够使得公司价值最大化的最优努力水平（ e^* ）与最优合约（ $\pi^*(e^*)$ ）。本章只考虑“两步法”中的第一步，在保持经理人努力水平不变的情况下，通过调整薪酬合约的具体组成成分尽可能为股东节省薪酬成本。具体回答了三个问题：(1) 给定当前观测到的高管薪酬的组成成分，是否可以通过对基本工资、股票与期权三个组成部分的结构化调整，在保持经理人期望效用、期望激励不变的情况下，尽可能降低薪酬总额？(2) 如果可以，那么现有的薪酬合约结构一定还不是最优的，还可以找到一份薪酬结构更优化的薪酬合约，那么具体的优化策略应当如何？(3) 通过优化高管薪酬合约的组成结构，能够为股东节省多少薪酬成本？

在本章中，第一部分首先根据国有企业和民营企业经理人的不同特点，分别设定了风险厌恶型和损失厌恶型的经理人效用函数，并基于最优合约理论构建了两个不同的委托代理模型。接下来，第二部分从理论的角度对上述理论模型进行求解，并探讨了根据现实数据进行模型校准的具体方法。第三部分搜集了 2016 年国有和民营上市公司经理人实际薪酬数据，对模型中涉及的各种合约参数进行了计算，并对研究样本进行了描述性统计。第四部分针对国有和民营企业经理人合约的不同情况，利用 Matlab 软件进行模型校准，找出了最优薪酬合约的具体参数值，并分别提出了优化现有合约的具体思路。第五部分对本章的内容进行了总结。

5.1 最优薪酬结构的理论模型

自从 Jensen and Meckling（1976）提出了公司股东和经理人之间存在利益冲突的问题后，基于委托代理模型的最优合约理论在此基础上发展起来。其中，Hölmstrom（1979）提出的信息不对称情况下最优薪酬合约的设计，是这类最优合约理论的基础分析框架。本书根据 Hölmstrom（1979）的理论，构建了一个信息不对称环境下的单期委托代理模型。其中，风险中性的委托人（股东）期初（t=0）向风险厌恶型代理人（经理）提出一个薪酬合约，代理人只在期末（t=T）进行消费。由于信息不对称，委托人无法直接观测到代理人的努力程度（e），因此合约只能与期末的公司市值（P_T）挂钩。

5.1.1 公司市值（P_T）的分布

本书假设，期末公司的市值（P_T）服从对数正态分布取决于 CEO 的努力程度，$e \in [0, +\infty)$，并受到一个服从标准正态随机分布的噪声项 u 的干扰，即：

$$P_T(u,\ e) = P_0(e)\exp\left[\left(r_f - \frac{\sigma^2}{2}\right)T + u\sqrt{T}\sigma\right],\quad u \sim N(0,\ 1) \qquad (5-1)$$

其中 r_f 为无风险利率，σ 为股价波动率。本书假设风险中性的定价，因此公司期末市值的预期现值为 $P_0(e)=E[P_T\exp(-r_fT)]$，并且 $P_0(e)$ 是以努力程度 e 为自变量严格单调递增的凹函数。

5.1.2 合约形式

本书假定经理人薪酬合约具有线性形式，即总薪酬由经理人所获得的货币薪酬（Φ），持有的股票占公司总股本的比例（n_S），以及期权激励占公司总股本的比例（n_O）线性加和得出，具体而言表述为：

$$W_T=(\Phi+W_0)\exp(r_fT)+n_SP_T(u,e)+n_O\max\{P_T(u,e)-K,0\} \tag{5-2}$$

其中 W_T 表示经理人在 T 时刻的总财富，W_0 表示经理人在期初拥有的未投资于公司证券的财富。此处假设货币薪酬在期初授予，与初始财富一同投资于无风险债券，获取无风险收益率 r_f。进一步假设所有的期权具有相同的到期日 T 和执行价格 K，其中 K 以所对应的行权市值表示。n_SP_T 表示经理人持有的股权在 T 时刻的价值，$n_O\max\{P_T-K,0\}$ 表示经理人持有的股票期权在 T 时刻的价值，假设股票和期权的现金流只在期末产生。

5.1.3 经理人的效用函数

本书对经理人个人效用函数的刻画采用两种函数形式。其一，假设经理人为追求个人效用最大化的理性经济人，个人效用随财富单调递增，但边际效用递减，即采用常相对风险厌恶型（constant relative risk aversion, CRRA）的效用函数。其二，考虑到现实中个人的非理性因素，融合行为金融理论中的前景理论（prospect theory）来刻画经理人偏好。根据 Tversky and Kahneman（1991）的实验结论，个人在不确定情况下的选择具有三个特点：（1）参照依赖，即个人并非根据最终财富进行评估，而是评估相对于某一参照系的相对收入；（2）损失厌恶，即个人面对同样数量的收益和损失时（均相对于参照系），认为损失更加令他们难以忍受；（3）敏感性递减，即个人随着收益（或损失）的增加，变得越来越不敏感。因此本书定义了损失厌恶型（loss aversion，LA）的效用函数对经理人行为进行刻画。

根据我国国有企业和民营企业的诸多差异，本书分别对两类企业的经理人设定了不同的效用函数。民营企业经理人的激励主要来源于货币性薪酬和股权激励，在激烈的市场竞争中，经理人的相对薪酬同时也成为显示其个人才能的信号。因此，当经理人薪酬收入低于参照水平（上一年自身薪酬或者当年同行业经理人平均薪酬）时，民营企业经理人会表现出损失厌恶，即一旦薪酬低于参照薪酬水平时，会产生更加强烈的损失感。但是，对于国有企业经理人，尤其是大型国有企业的经理人，他们大多同时具有官员身份，除了纯金钱方面的薪酬激励，政治晋升的激励也十分重要，因此薪酬收入的变化对其效用的边际影响相对较弱。因此，本书设定国有企业经理人效用函数为边际效用递减的常相对风险厌恶型，而民营企业的经理人为在损失域边际效用递增的损失厌恶型效用函数。

对于国有企业经理人，设定其效用函数符合常相对风险厌恶型，并且财富的正效用和努力的负效用具有累加可分性。

$$U(W_T,\ e) = V(W_T) - C(e) = \frac{W_T^{1-\gamma}}{1-\gamma} - C(e) \tag{5-3}$$

其中 $V(\cdot)$ 表示财富积累下的效用水平，具有常相对风险厌恶系数 γ。$C(\cdot)$ 表示经理人努力工作的成本。$V(W_T)$ 是随财富水平 W_T 单调递增的凹函数，$C(e)$ 是随努力水平 e 单调递增的凸函数。

$$\frac{\mathrm{d}V(W_T)}{\mathrm{d}\,W_T} > 0,\ \frac{\mathrm{d}^2V(W_T)}{\mathrm{d}^2\,W_T} < 0\ ;\ \frac{\mathrm{d}C(e)}{\mathrm{d}e} > 0,\ \frac{\mathrm{d}^2C(e)}{\mathrm{d}^2e} > 0 \tag{5-4}$$

对于民营企业经理人，设定其效用函数符合损失厌恶型，同样收入的正效用和努力的负效用具有累加可分性。

$$U[w(P_T),\ e] = V[w(P_T)] - C(e) \tag{5-5}$$

其中努力的成本 $C(e)$ 是单调递增的凸函数，个人收入带来的效用 $V[w(P_T)]$ 按照 Tversky and Kahneman（1991）的定义：

$$V[w(P_T)] = \begin{cases} [w(P_T) - w^R]^{\alpha} & if\ w(P_T) \geqslant w^R \\ -\lambda\ [w^R - w(P_T)]^{\beta} & if\ w(P_T) < w^R \end{cases} \tag{5-6}$$

$$0 < \alpha,\ \beta < 1;\ \lambda \geqslant 1$$

其中，w^R 是参考薪酬。该函数意味着，如果时刻 T 的薪酬大于参考薪酬，经理人会将之视为收益，而低于参考薪酬的情况则被认为是损失。显然，这一效用函数在刻画经理人“损失厌恶”的同时，也符合前景理论关于“参照依赖”的结论。该假设与标准的风险厌恶凹函数效用假设在以下三点上有明显不同：

第一，参考薪酬以下的薪酬收入在转换成效用时被给予更高的权重，这一点体现在参数 λ 不小于 1。该假设作为前景理论的组成部分之一，反映了心理学界多年以来的观测结果，即相比于相同数量的盈利，相同数量的损失对于人的心理影响更大。这使得函数在 w^R 处有一个拐点，在此处经理人呈现无穷大的风险厌恶。

第二，经理人将其从公司获得的收入与其他收入区别看待，这被 Thaler（1999）称为“框架效应”（framing）或“心理账户”（mental accounting）。

第三，$V(w(P_T))$ 这一函数在收益时（$w(P_T) \geq w^R$）呈凹性，在损失时（$w(P_T) < w^R$）呈凸性。事实上我们可以发现，在这一偏好假设下，CEO 对于风险的态度并不是始终一致的，相反，当薪酬分布集中于参考薪酬附近时，CEO 的风险态度明显异于薪酬分布偏离参考薪酬的情况。

图 5-1 给出了国有企业和民营企业经理人效用函数的具体实例，其中横轴代表经理人财富水平或薪酬收入（W 或 w），纵轴代表相应的效用水平（U）。左图代表常相对风险厌恶的国有企业经理人效用函数，可知效用水平随财富递增，但边际效用递减。右图代表损失厌恶的民营企业经理人效用函数，效用水平随收入递增，但是在参照收入（图 5-1 中将参照收入水平设置为 0）处出现一个“拐点”，当实际薪酬收入高于参照收入水平时，边际效用递减；但是实际薪酬收入一旦低于参照收入水平时，边际效用以更大的幅度递增。

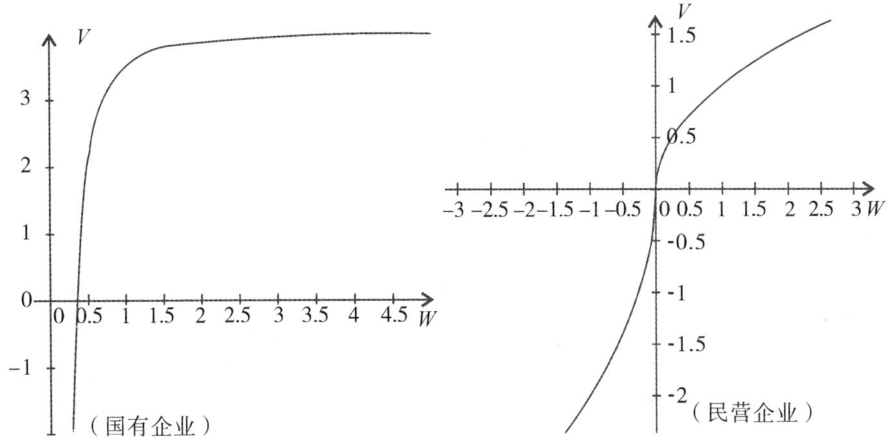

图 5-1 国有企业和民营企业经理人效用函数

注：左图参照公式（5-5），定义为 $U(W)=\dfrac{W^{1-\gamma}}{1-\gamma}+\hat{U}$，参数 $\gamma=3$，$\hat{U}=4$。

右图参照公式（5-6），定义 $U(w)=\begin{cases}(w)^{\alpha} & if\ w\geqslant 0\\ -\lambda(-w)^{\beta} & if\ w<0\end{cases}$，参数 $\alpha=\beta=0.5$，$\lambda=2$

5.1.4 最优化问题

本书的最优化问题为公司股东支付给经理人一笔薪酬，经理人基于该薪酬合约选择最优的努力水平，经理人的努力水平进而又决定公司价值，股东最大化支付薪酬后的公司价值。根据上文定义，期末股东支付给经理人的总薪酬记为：

$$\pi_T=\varphi\exp(r_fT)+n_SP_T+n_O\max(P_T-K,\ 0) \tag{5-7}$$

因此期末经理人总财富水平为 $W_T=W_0(\exp r_fT)+\pi_T$，薪酬的现值为 $\pi_0=E[\exp(-r_fT)\pi_T]$，即：

$$\pi_0=\varphi+n_SP_0+n_OBS \tag{5-8}$$

其中 BS 为风险中性定价下由 Black-Scholes 公式计算的期权价值。根据 Grossman and Hart（1983）两步法中第一步的思路，股东的最优化问题是寻找一份最便宜的合约，以促使经理人执行给定努力水平 $\bar{e}$。因此股东的目标函数可表述为：

$$\min_{\{\varphi,\ n_S,\ n_O\}} \pi_0 = \varphi + n_S P_0 + n_O BS \tag{5-9}$$

$$s.t. E[U(W_T,\ \bar{e})] \geqslant \bar{U}, \tag{5-10}$$

$$\bar{e} = \arg \max_{e \in (0,\ +\infty)} E[U(W_T,\ e)], \tag{5-11}$$

$$0 \leqslant n_S \leqslant 1,\ n_O \geqslant 0,\ \varphi + W_0 \geqslant 0 \tag{5-12}$$

其中，（5-9）式代表股东的目标函数，即最小化公司支付的薪酬成本。（5-10）式代表经理人的参与约束（participation constraint，PC），$\bar{U}$ 为外在雇佣机会的效用水平，只有当经理人效用高于这一保留效用水平才会接受该合约。（5-11）式代表经理人的激励相容约束（incentive compatibility，IC），即给定合约形式，经理人选择个人效用最大化的努力水平。（5-12）式代表可行的合约，要求经理人获得的股票和期权非负，并且股票数量不高于公司总股本；允许支付负的货币薪酬，即经理人将部分初始财富投资于公司证券，但这部分投资不得高于初始财富总额。

5.2 模型简化与实证设计

为了使该模型能够符合数值模拟的要求，需要对其进行简化，以推导出可以进行数据校准的形式。本书参照 Dittmann and Maug（2007）的思路，首先提出原假设：观测到的经理人薪酬合约是最优的。在该假设的基础上，探讨是否存在另一份合约，在保证经理人努力程度和效用水平不变的情况下，节省公司薪酬成本。若存在，则可拒绝原假设，证明观测到的经理人薪酬还不是最优的。以国有企业经理人的常相对风险厌恶型效用函数为例，本书具体进行了如下操作：

第一步，用一阶条件来代替激励相容约束（5-11）式：

$$\frac{\mathrm{d}E[U(W_T, e)]}{\mathrm{d}e} = E\left[\frac{\mathrm{d}V(P_0)}{\mathrm{d}P_0}\right]\frac{\mathrm{d}P_0(e)}{\mathrm{d}e} - \frac{\mathrm{d}C(e)}{\mathrm{d}e} = 0 \qquad (5-13)$$

第二步，进一步定义了效用调整的薪酬业绩敏感性（utility-adjusted pay-for-performance sensitivity，UPPS）：

$$UPPS = \frac{\mathrm{d}}{dP_0}\exp(-r_f T)E[V(W_T, e)]$$

$$= \exp(-r_f T)E\left[\frac{\mathrm{d}V(W_T)}{\mathrm{d}W_T}\frac{\mathrm{d}W_T}{\mathrm{d}P_0}\right] \qquad (5-14)$$

基于此，可以将公式（5-13）改写为：

$$\frac{\mathrm{d}E[U(W_T, e)]}{\mathrm{d}e} = UPPS \times \frac{\mathrm{d}P_0(e)}{\mathrm{d}e}\exp(r_f T) - \frac{\mathrm{d}C(e)}{\mathrm{d}e} = 0 \qquad (5-15)$$

对公式（5-15）进行整理可得：

$$UPPS = k(e)\text{，其中 } k(e) \equiv \frac{\exp(-r_f T)\, dC/de}{d P_0/de} \qquad (5-16)$$

公式（5-16）大大简化了本书的数值模拟过程。等式（5-16）右边的 $k(e)$ 只取决于经理人成本函数 $C(e)$，以及公司生产函数 $P_0(e)$，与薪酬合约的形状无关。等式（5-16）左边 UPPS 只取决于观测到的合约参数，如经理人的财富水平 W_T 以及风险厌恶系数 γ，α，β，λ 等。等式左边为已知量，可以根据观测到的经理人财富水平和设定的薪酬参数进行估计。等式右边为未知量，但也可以根据观测到的现实薪酬数据进行推断。根据原假设“观测到的薪酬合约是最优的”，等式（5-16）依然适用于被观测到的合同，即：$k(e) = UPPS(\varphi^d, n_S^d, n_O^d; \gamma, P_0(e))$，上标 d 代表观测到的合约参数。

第三步，根据前两步的讨论，可以将最优化问题（5-9）式—（5-12）式改写为如下的最优化程序（5-17）：

$$\min_{\{\varphi, n_S, n_O\}} \pi_0 = \varphi + n_S P_0 + n_O BS$$

$$s.t.\ E[V(W_T(\varphi, n_S, n_O); \gamma)] = E[V(W_T(\varphi^d, n_S^d, n_O^d); \gamma)]$$

$$UPPS(\varphi, n_S, n_O; \gamma, P_0) = UPPS(\varphi^d, n_S^d, n_O^d; \gamma, P_0)$$

$$0 \leqslant n_S \leqslant 1,\ n_O \geqslant 0,\ \varphi + W_0 \geqslant 0 \qquad (5-17)$$

最优化程序（5-17）可以直观地理解为：在保证经理人获取与之前相同的效用和激励水平的情况下，寻找一个对股东而言比现有合约更省钱的合约。

与求解原始最优化问题（5-9）式—（5-12）式相比，程序（5-17）不依赖于对未知的成本函数 $C(e)$ ，以及公司生产函数 $P_0(e)$ 形式的任何假定，唯一的未知量为风险厌恶系数 γ 。高管薪酬领域的相关研究通常将风险厌恶系数 γ 设定为0.5到10之间的值（Campbell et al.，1997；Murphy，1999）。

5.3 数据来源与变量定义

5.3.1 数据来源

本书以2016年度沪深两市A股上市公司作为研究样本，选取每家公司的经理人进行研究。由于不同公司对高管界定不统一，此处对于国有企业，选取董事长、总经理或党委书记中薪酬最高者为经理人，对民营企业，选取董事长和总经理中薪酬最高者为经理人。经理人薪酬、年度持股量以及股权激励相关数据来源于国泰安数据库（CSMAR），企业性质数据和股票市场数据来自万得数据库（Wind），包括公司市值、总股本、历史波动率、无风险利率等。由于估算经理人期初财富时，需要历史薪酬数据（以前五年薪酬数据估计），因此本书剔除了2011—2016年间经理人薪酬数据存在缺失的样本，以2011—2016年间经理人薪酬收入估算其财富水平。此外，部分上市公司的经理人于2016年年末未持有任何股票或期权，在线性合同的假设下，无法使用该模型对这些样本进行薪酬结构的优化，因此剔除了这些样本。进一步剔除相关变量缺失的公司后，本书的研究样本包含1067家上市公司，其中国有企业303家，民营企业764家。

5.3.2 变量定义

上市公司样本中经理人的薪酬变量包括以下三项：经理人的货币薪酬

（Φ^d），取自2016年度经理人固定工资与津贴的总额；经理人的持股比例（$n_S{}^d$），由2016年公司年报披露的经理人年末持股数除以总股本计算而得；经理人持有股票期权比例（$n_O{}^d$），根据公司历史上的所有股权激励计划行权记录，计算得出经理人在2016年底持有的期权数量，除以总股本即得到持有股票期权比例。此外，由于经理人实际个人财富数据不可观测，本书基于2011—2016年间薪酬数据进行估算。具体而言，根据每一年年报披露的经理人固定工资与津贴收入，计算出当年的税后净收入。① 假设经理人的年度净收入（y_n）于每年年末获得，期间不消费并全部投资于无风险债券获取年度无风险收益（r_0），下标 n 代表相对于2016年的年份，如2016年 n 取值0，以此类推，2011年 n 取−5。2016年末经理人个人财富（W_0^d）为：

$$W_0^d = \sum_{n=-5}^{0} y_n (1 + r_0)^{-n} \tag{5-18}$$

上市公司股票市场变量包含以下四项：公司总市值（P_0）、公司总股本（B_0），来自公司2016年年末的数据；公司股票的历史波动率（σ），本书采用2016年1月1日至2016年12月31日的个股周对数收益率计算年度历史波动率；无风险利率（r_0），由于样本中经理人的代表性期权的到期日 T 在2年左右，本书选用2016年底2年期国债收益率2.29%。由于后文计算中将用到的连续复利下的年度无风险利率，在此根据 $r_f = \ln(1 + r_0)$ 进行转换，得到连续复利下的无风险利率为2.264%。需要指出的是，由于上市公司在股利分配时也会相应地调整股票期权的行权价格和行权数量，因此上市公司的分红行为以及股息率的存在并不会对期权价值、期望效用和激励产生实质性的影响，本书假设股息率为零，即不考虑股利分配产生的影响。

由于部分上市公司会给经理人多个股票期权激励方案，因此经理人实际上持有多份股票期权。本书根据公司历史上所有股权激励计划以及具体行权明细，计算了2016年末经理人持有的有效期权（未到期且未全部行权），其中第 i 份期权占总股本的比例为 n_o^i。此外，部分经理人持有的期权

① 根据个人所得税税率表核算经理人年度总收入对应的个人所得税。个人所得税税率表参照2011年6月30日第十一届全国人大常委会第二十一次会议表决通过的《关于修改个人所得税法的决定》，包含7个等级的从3%到45%的累进制边际税率。

组合包含不同行权价格和不同到期日的多种期权，而本书的模型只考虑单一的到期日，因此需要将这一系列期权处理成一个代表性期权。本书利用 Core and Guay（2002）提出的单一近似法（OA Method）构造“代表性期权”，构造出的这一期权可以以很小的偏差模拟出原期权组合近 99%的波动特征。具体构造思路如下：确定代表性期权的行权价格（K）和到期日（T），使得代表性期权的市场价值（BS）以及期权价值对标的资产价格波动的敏感性（Delta）与被估计的多份期权构成的期权组合相同。记 n_O 为经理人持有股票期权的比例，n_o^i 表示第 i 份期权的比例，T^i 表示 i 份期权的到期日，K^i 表示第 i 份期权的行权市值，本书按照方程组（5-19）式与（5-20）式计算代表性期权的特征。由于该方程组含有两个方程和两个未知数：代表性期权的行权价格（K）和到期日（T），因此可以直接求解出两个未知数的取值。此外，考虑到虽然经理人可以在期权到期日内的任一时刻行权，但事实上所有经理人都会在期权到期日之前行权，因此本书参照 Dittmann and Maug（2007）的方法，在计算出的代表性期权到期日（T）的基础上乘以 0.7。

$$n_O BS(P_0,\ K,\ \sigma,\ r_f,\ T) = \sum_i n_o^i BS(P_0,\ K^i,\ \sigma,\ r_f,\ T^i) \quad (5-19)$$

$$n_O Delta(P_0,\ K,\ \sigma,\ r_f,\ T) = \sum_i n_o^i Delta(P_0,\ K^i,\ \sigma,\ r_f,\ T^i) \quad (5-20)$$

经理人效用函数的参数包括以下几项：常相对风险厌恶型函数下的参数 γ；以及损失厌恶型效用函数下的参数 α、参数 β、参数 λ。参照现有研究的惯例（Dittmann and Maug，2007），将经理人的风险厌恶系数设置为 $\gamma = 3$；根据 Tversky and Kahneman（1992）的实验结果，选取 $\alpha = \beta = 0.88$，$\lambda = 2.25$ 作为研究的基准参数。对于参考薪酬 W^R，由于价值函数并未给出参考薪酬的取值，假定经理人的参照薪酬取决于前一年的薪酬水平，即 2015 年的货币薪酬（Φ_{-1}）、股票（n_{S-1}）与期权（n_{O-1}）。具体由以下公式计算参考薪酬 $W^R(\theta) = \Phi_{-1} + \theta MV(n_{S-1},\ n_{O-1},\ P_0)$，其中参数 $\theta \in [0,\ 1]$ 表示经理人将前一期证券价值计入参考薪酬的贴现因子，MV 表示前一期证券持有至当期的市场价。首先，经理人的参考薪酬不会低于 2015 年的货币薪酬（固定工资与福利津贴之和），即经理人肯定会将未来总薪酬低于 2015 年货币薪酬的情况视为损失，因此，本书将 2015 年的货币薪酬 Φ_{-1} 为参考薪酬的下界（$\theta=0$）。其次，经理人也很可能将其 2015 年末持有的股票 n_{S-1} 和股票期权 n_{O-1} 作为参考薪酬的一部分，当然，由于经理人并未进行分散投资，他会将这一部分股票和期权的市场价值贴现计入参考薪酬。因此对于参考薪酬的上界，本书将经理人 2015 年的货币薪酬，与经理人持有 2015 年末的股票和股票期权到 2016 年末的市值进行加总，并根据经理人在 2016 年交易股票的情况对这一总和进行调整（$\theta=1$）。

表 5-1 变量定义表

变量类别	变量名称	变量符号	具体含义
薪酬变量	货币薪酬	Φ^d	经理人所获得的货币薪酬，包含津贴
	持股比例	$n_S{}^d$	经理人持有的股票数目占公司总股本的比例
	股票期权比例	$n_O{}^d$	经理人持有的股票期权所代表的股票数目占公司总股本的比例
	总财富	$W_0{}^d$	根据历史薪酬数据估算的经理人初始财富
市场变量	公司总市值	P_0	公司的 A 股总市值
	公司总股本	B_0	公司的 A 股总股本
	历史波动率	σ	公司股票的历史波动率
	无风险利率	r_f	无风险利率
期权变量	第 i 份期权的行权市值	K^i	经理人持有的第 i 份股票期权的行权价格与总股本的乘积
	第 i 份期权的到期日	T^i	经理人持有的第 i 份股票期权的到期日
	第 i 份期权的比例	n_o^i	经理人持有的第 i 份股票期权所代表的股票数目占公司总股本的比例
	期权行权市值	K	代表性期权的行权市值
	期权到期日	T	代表性期权的到期日
	期权价值	BS	代表性期权在 BS 公式下的价值

续 表

变量类别	变量名称	变量符号	具体含义
合约参数	参数 γ	γ	反映经理人的风险厌恶程度（CRRA 效用）
	参数 α	α	反映实际薪酬高于参考薪酬时经理人的风险厌恶程度（LA 效用）
	参数 β	β	反映实际薪酬低于参考薪酬时经理人的风险偏好程度（LA 效用）
	参数 λ	λ	反映经理人损失厌恶程度（LA 效用）
	参考薪酬	W^R	损失和收益的参照点（LA 效用）
	参数 θ	θ	反映经理人参考薪酬的高低（LA 效用）

5.3.3 描述性统计

表 5-2 报告了样本主要变量的描述性统计，包含 1067 家上市公司对应的经理人。

表 5-2 描述性统计表

变量名称	变量符号	观测值	均值	标准差	最小值	最大值
货币薪酬	Φ^d	1067	861612	783801	136000	5298900
持股比例	${n_S}^d$	1067	7.95%	15.35%	0.00%	95.63%
期权比例	${n_O}^d$	1067	0.01%	0.05%	0.00%	0.85%
个人财富	${W_0}^d$	1067	3267169	2884975	244469.2	4.99E+07
历史波动率	σ	1067	48.39%	13.52%	15.10%	160.00%
公司市值	P_0	1067	1.70E+10	2.53E+10	1.99E+09	4.74E+11
期权执行市值	K	1067	1.67E+10	2.54E+10	1.52E+09	4.74E+11
期权到期日	T	1067	1.430061	0.4542257	0	7
期权价值状况	P_0/K	1067	1.078	0.445	0.243	6.487

经理人的平均货币薪酬为 86.16 万元，但 1067 家公司中经理人货币薪

酬差异较大，最小值为 13.6 万元，而最大值达到 529.89 万元，这与众多关于经理人薪酬公司间差距的研究证据相一致（方芳和李实，2015）。经理人平均持有占公司总股本 7.95%的股票，平均持有的股票期权占公司总股本的比例为 0.01%。经理人持股比例差异较大，最大值达到 95.63%，这意味着该经理人同时也是公司控股股东。需要指出的是，当经理人同时为公司控股股东、且公司股权集中度很高时，本书考虑的委托代理模型已经不再适用。基于此，在下文的研究中，进一步剔除了所有经理人持股比例超过 33%的研究样本，共剔除了 89 位民营企业的经理人。全样本中经理人持有期权的比例都比较低，这是由于发行期权激励的公司数量有限，全样本中只有 104 家上市公司的经理人持有期权（约 9.7%）。若单独看持有期权的 104 家上市公司，经理人平均持有期权比例为 0.11%，反映出我国上市公司中期权激励的作用还微乎其微。根据 Dittmann and Maug（2007）对 2000 年美国上市公司 CEO 薪酬结构数据的测算，典型 CEO 股票与期权平均持有量分别为 2.29%和 1.29%，股票和期权是经理人的两种重要薪酬激励方式。与我国上市公司数据对比，发现我国上市公司经理人持股比例较高，但持有期权的比例远低于美国水平。此外，经理人总财富为 326.72 万元，最小值为 24.25 万元，最大值为 4990 万元。全样本中公司的平均总市值为 170 亿元，公司总市值最小值为 19.9 亿元，最大值为 4740 亿元，公司规模差异较大。公司股价平均年度波动率为 48.39%，与美国数据相似。当前经理人持有的代表性期权的平均到期日为 1.43 年，由于对提前行权进行过调整（乘以 0.7），期权的实际剩余到期日约为 2.04 年。平均而言，当前经理人持有的期权为实值期权（in-the-money），公司市值与期权行权市值之比为 1.078。

剔除经理人持股比例超过 33%的样本后，全样本还包含 978 家上市公司，其中国有企业 303 家，民营企业 675 家。接下来，把全样本划分为国有企业和民营企业两个子样本，考察各个变量的差异，并对组间差异进行单变量 T 检验，描述性统计如表 5-3 所示。

表 5-3 国有企业和民营企业经理人薪酬参数差异

变量符号	民营企业		国有企业		差异	t 值
	均值	标准差	均值	标准差		
Φ^d	852848	816535	936712	783279	-83864	-1.504
$n_S{}^d$	5.934%	9.102%	0.355%	1.754%	5.579%	10.579***
$n_O{}^d$	0.016%	0.066%	0.003%	0.015%	0.013%	3.415***
$W_0{}^d$	3145693	2983566	3720998	2959897	-575304.9	-2.795***
σ	50.088%	13.539%	43.191%	12.083%	6.897%	7.610***
P_0	1.50E+10	1.39E+10	2.37E+10	4.18E+10	-8.78E+09	-4.892***
K	1.45E+10	1.42E+10	2.36E+10	4.18E+10	-9.10E+09	-5.046***
T	1.410	0.454	1.475	0.514	-0.065	-1.970**
P_0/K	1.110	0.538	1.030	0.213	0.080	2.506**

注：***，**，*分别代表在 1%，5%和 10%显著性水平下显著。

由表 5-3 可知，国有企业和民营企业经理人薪酬的相关参数存在一些差异。就货币薪酬而言，国有企业经理人平均货币薪酬比民营企业高 8.39 万元，但两组并没有显著的差异。但是，民营企业经理人平均而言持有更多的股票与期权。与国有企业相比，民营企业经理人平均持股比例高出 5.579%（约高出 16 倍），平均期权持有比例高出 0.013%（约高出 4.33 倍），且都在 1%显著性水平下显著。就个人总财富而言，国有企业经理人也比民营企业经理人平均财富高 57.53 万元，并且在 1%显著性水平下显著。

此外，国有企业和民营企业本身也具有明显的差异。民营企业股价波动性更高，市值也相对更小。对于期权激励，国有企业授予经理人的期权平均剩余期限 1.475 年，民营企业授予经理人的期权平均剩余期限 1.410 年，且两者具有显著性差异（5%显著性水平）。就期权价值状态而言，民营企业与国有企业经理人持有的期权都处于实值状态，但民营企业授予经理人的期权实值程度更高。

基于国有企业和民营企业自身差异，以及两者经理人薪酬合约结构的差异，下文针对上述常相对风险厌恶型效用函数和损失厌恶型效用函数，利用实际数据，进行模型校准，考察现有薪酬合约是否存在优化空间。

5.4　最优薪酬结构的模型校准

针对303位国有企业经理人和675位民营企业经理人，本书分别采用常相对风险厌恶型效用函数和损失厌恶型效用函数，针对现实薪酬合约参数进行数值模拟。根据理论模型的假设，采用线性形式的合约，即经理人薪酬只由货币薪酬、股票与期权三部分组成，并对期权的持有量进行约束，即不允许出现负的期权持有量，这就意味着经理人只能持有公司股票的看涨期权多头，而不能持有看涨期权空头。此外，由于货币薪酬、个人财富、公司市值等绝对量参数数值较大，为了优化Matlab算法，在进行模型校准之前，本书对合约参数做了标准化处理。在此，将公司市值标准化为 P_0 = 100。因此所有绝对量，包括货币薪酬（Φ）、个人财富（W_0）、期权执行市值（K）、参照薪酬（w_R）等，都乘以100/ P_0 以标准化。

5.4.1　国有企业经理人最优薪酬结构

根据5.3.1对国有企业经理人常相对风险厌恶型效用函数的设定，即等式（5-3），5.4.1针对303家国有企业经理人的实际薪酬数据，利用Matlab软件数值计算出最优薪酬结构。此处参照Dittmannn and Maug（2007）的基本模型，设定经理人风险厌恶系数 $\gamma = 3$，无风险利率根据国债收益率转化为复利形式 $r_f = 2.264\%$。由于篇幅限制，表5-4汇报了15个具体国有企业经理人的原始合约参数以及数值计算出的最优薪酬合约参数，最后一列汇报了各合约参数在全样本中的平均值。

表 5-4　国有企业经理人薪酬合约优化结果表

观测值	σ	K	T	W_0^d	Φ^d	$n_S{}^d$	$n_O{}^d$	π^d	Φ^*	$n_S{}^*$	$n_O{}^*$	π^*
1	31. 62%	59. 793	1. 400	0. 008	0. 003	0. 325%	0. 139%	0. 388	−0. 008	0. 349%	0. 103%	0. 385
2	32. 39%	109. 587	4. 200	0. 206	0. 050	0. 000%	0. 129%	0. 084	0. 022	0. 054%	0. 000%	0. 076
3	49. 59%	30. 373	4. 200	0. 066	0. 020	1. 156%	0. 125%	1. 270	0. 017	1. 196%	0. 000%	1. 213
4	46. 73%	56. 489	4. 200	0. 024	0. 005	0. 045%	0. 091%	0. 103	0. 001	0. 070%	0. 000%	0. 071
5	45. 14%	38. 548	2. 100	0. 024	0. 006	0. 020%	0. 061%	0. 065	−0. 007	0. 066%	0. 000%	0. 060
6	55. 25%	47. 307	2. 800	0. 012	0. 003	0. 000%	0. 043%	0. 029	−0. 002	0. 019%	0. 000%	0. 017
7	41. 15%	42. 109	0. 700	0. 045	0. 010	0. 029%	0. 019%	0. 050	0. 003	0. 047%	0. 000%	0. 050
8	24. 84%	124. 396	0. 700	0. 024	0. 006	0. 019%	0. 018%	0. 025	0. 004	0. 021%	0. 000%	0. 025
9	48. 28%	134. 977	1. 400	0. 020	0. 005	0. 016%	0. 013%	0. 023	0. 004	0. 018%	0. 000%	0. 022
10	49. 98%	45. 363	0. 700	0. 045	0. 008	0. 000%	0. 011%	0. 014	0. 003	0. 011%	0. 000%	0. 014
11	43. 84%	62. 294	0. 700	0. 012	0. 003	0. 020%	0. 005%	0. 026	0. 001	0. 025%	0. 000%	0. 025
12	34. 00%	93. 703	0. 700	0. 008	0. 003	0. 064%	0. 005%	0. 067	0. 001	0. 066%	0. 000%	0. 067
13	27. 72%	103. 161	7. 000	0. 006	0. 002	0. 001%	0. 005%	0. 004	0. 001	0. 003%	0. 000%	0. 003
14	33. 86%	95. 825	5. 600	0. 007	0. 002	0. 000%	0. 005%	0. 003	0. 001	0. 002%	0. 000%	0. 003
15	55. 28%	100. 000	1. 430	0. 039	0. 008	0. 264%	0. 000%	0. 271	0. 008	0. 264%	0. 000%	0. 271
……	……	……	……	……	……	……	……	……	……	……	……	……
平均值	43. 19%	99. 578	1. 475	0. 016	0. 004	0. 355%	0. 003%	0. 364	0. 002	0. 359%	0. 000%	0. 361

由表 5-4 可得出以下结论：

第一，国有企业经理人现有合约仍存在一定的优化空间。观测到的现有合约价值（π^d）平均为 0.364，模型校准得出的最优合约价值（π^*）平均为 0.361，因此用模型计算出的最优合约替代现有合约可以为公司平均节省 0.003，以国有企业平均市值 $P_0 = 2.37 \times 10^{10}$ 来计算，这相当于节省 711000 元；相对于原始薪酬合约的成本而言节省了 0.82%（0.003 ÷ 0.364 = 0.82%）。

第二，具体分析薪酬合约的结构，发现与现有合约相比，最优合约的货币薪酬部分较低。现有合约平均货币薪酬（Φ^d）为 0.004，最优合约中货币薪酬（Φ^*）为 0.002，以国有企业平均市值 $P_0 = 2.37 \times 10^{10}$ 计算，相当最优合约中的货币薪酬部分较现有合约而言减少了 474000 元。

第三，针对薪酬中股票部分，最优合约中股票持有比例高于现有合约。现有合约股票持有比例（$n_S{}^d$）为 0.355%，在最优合约中股票持有比例（$n_S{}^*$）为 0.359%，经理人持股比例较现有合约提升 1.13%。

第四，针对薪酬中期权部分，最优合约中股票期权持有比例低于现有合约。现有合约股票持有比例（$n_o{}^d$）为 0.003%，在最优合约中股票持有比例（$n_o{}^*$）为 0.000%。并且在最优合约中基本没有正的期权持有，303 家国有企业经理人中，292 位的最优期权持有量都为 0，即模型校准的最优合约预示着绝大多数国有企业经理人应该不持有股票期权。

总而言之，对国有企业经理人而言，应该降低其货币薪酬水平，并授予更多的公司股票以维持经理人原有效用水平和激励效果，但不应该授予其期权。通过调整薪酬结构为公司节省的薪酬成本是可观的，最优合约成本比原有合约降低 0.82%，约合 71.1 万元人民币。国有企业经理人的最优合约是更高的股票持有比例、更低的货币薪酬以及零期权的形式。这意味着授予国有企业经理人更多的股票能够有效替代较高的货币薪酬，并达到相同的激励效果。但是由于国有企业经理人的边际效用递减，他们并没有冒险提高公司业绩的激励，因此也没有必要采用期权这种高强度的激励方式。①

5.4.2 民营企业经理人最优薪酬结构

根据 5.3.1 部分对民营企业经理人损失厌恶型效用函数的设定，即等式（5-5）-（5-6），5.4.2 部分针对 675 家民营企业经理人的实际薪酬数据，利用 Matlab 软件数值计算出最优薪酬结构。此处根据 Tversky and Kahneman（1992）的实验结果，设定 $\alpha = \beta = 0.88$，$\lambda = 2.25$ 作为研究的基准参数，并以 $\theta = 0.8$ 估计参照薪酬（w_R^d）水平，同样无风险利率根据国债收益率转化为复利形式 $r_f = 2.264\%$。类似地，表 5-5 也汇报了 15 个具体民营企业经理人的原始合约参数以及数值计算出的最优薪酬合约参数，最后一列汇报了各合约参数在全样本中的平均值。

---

① 此处，由于模型中对经理人期权持有量进行了非负的约束，即 $n_O \geqslant 0$，最优合约中期权的最优持有量为零。若放松该约束条件，最优合约中期权的持有量应该为负，并呈现凹性的最优薪酬合约形式。

表 5–5　民营企业经理人薪酬合约优化结果表

观测值	σ	K	T	w_R^d	Φ^d	$n_S{}^d$	$n_O{}^d$	π^d	Φ^*	$n_S{}^*$	$n_O{}^*$	π^*
1	24. 84%	124. 396	0. 700	0. 015	0. 006	0. 019%	0. 018%	0. 025	0. 006	0. 02%	0. 02%	0. 025
2	30. 89%	52. 002	5. 600	0. 005	0. 001	0. 005%	0. 014%	0. 014	0	0. 01%	0. 01%	0. 014
3	30. 35%	100	1. 670	0. 293	0. 012	0. 352%	0. 000%	0. 364	0. 012	0. 35%	0. 00%	0. 364
4	27. 20%	100	1. 670	0. 006	0. 008	0. 001%	0. 000%	0. 008	0. 008	0. 00%	0. 00%	0. 008
5	46. 28%	100	1. 670	0. 001	0. 001	0. 000%	0. 000%	0. 001	0. 001	0. 00%	0. 00%	0. 001
6	37. 16%	100	1. 670	0. 001	0. 001	0. 001%	0. 000%	0. 002	0. 001	0. 00%	0. 00%	0. 002
7	48. 19%	100	1. 670	0. 003	0. 003	0. 001%	0. 000%	0. 003	0. 003	0. 00%	0. 00%	0. 003
8	42. 25%	100	1. 670	0. 029	0. 012	0. 022%	0. 000%	0. 034	0. 012	0. 02%	0. 00%	0. 034
9	34. 13%	100	1. 670	0. 006	0. 002	0. 005%	0. 000%	0. 007	0. 003	0. 00%	0. 00%	0. 007
10	19. 50%	100	1. 670	0. 002	0. 002	0. 000%	0. 000%	0. 002	0. 002	0. 00%	0. 00%	0. 002
11	44. 14%	100	1. 670	0. 004	0. 003	0. 002%	0. 000%	0. 005	0. 003	0. 00%	0. 00%	0. 005
12	42. 29%	100	1. 670	0. 010	0. 007	0. 002%	0. 000%	0. 009	0. 007	0. 00%	0. 00%	0. 009
13	56. 28%	54. 348	1. 400	0. 174	0. 013	0. 056%	0. 113%	0. 126	0	0. 09%	0. 08%	0. 126
14	31. 81%	100	1. 670	0. 26	0. 035	0. 241%	0. 000%	0. 276	0. 035	0. 24%	0. 00%	0. 276
15	50. 82%	100	1. 670	0. 491	0. 006	1. 215%	0. 000%	1. 221	0. 394	0. 42%	1. 44%	1. 204
……	……	……	……	……	……	……	……	……	……	……	……	……
平均值	50. 09%	96. 667	1. 410	0. 652	0. 005	5. 934%	0. 016%	5. 948	0. 025	5. 761%	0. 089%	5. 825

由表 5-5 可得出以下结论：

第一，民营企业经理人现有合约也存在一定的优化空间。观测到的现有合约价值（π^d）为 5.948，模型校准得出的最有合约价值（π^*）为 5.825，因此用模型计算出的最优合约替代现有合约可以为公司节省 0.123，以民营企业平均市值 $P_0 = 1.5 \times 10^{10}$ 计算，相当于节省 18450000 元；相对于原始薪酬合约成本而言节省了 2.07%（0.123÷5.948 = 2.07%）。

第二，具体分析薪酬合约的结构，发现与现有合约相比，最优合约的货币薪酬部分较高。现有合约平均货币薪酬（Φ^d）为 0.006，最优合约中货币薪酬（Φ^*）为 0.025，以民营企业平均市值 $P_0 = 1.5 \times 10^{10}$ 计算，相当于货币薪酬增加 2850000 元。

第三，针对薪酬股票部分，最优合约中股票持有比例低于现有合约。现有合约股票持有比例（$n_S{}^d$）为 5.934%，在最优合约中股票持有比例（$n_S{}^*$）为 5.761%，经理人持股比例较现有合约降低 2.92%。

第四，针对薪酬期权部分，最优合约中股票期权持有比例高于现有合约。现有合约经理人股票期权持有比例（$n_O{}^d$）为 0.016%，最优合约中股票期权持有比例（$n_O{}^*$）为 0.089%，经理人期权持有比例较现有合约提升 4.6 倍。并且在新的最优合约中，有 407 位经理人的最优期权持有量大于 0（占比 60%），而原始合约中只有 93 位经理人持有期权（占比 14%）。

因此，对民营企业经理人而言，应该降低其股票持有量，增加期权激励，并提高货币薪酬水平以维持原有激励效果。通过调整薪酬结构为公司节省的薪酬成本是客观的，最优合约成本比原有合约降低 2.07%，约合 1845 万元人民币。民营企业经理人最优合约中的正期权持有意味着凸性的合约结构，这样的合约可以保护经理人不受下行风险的影响，促使其从事更多长远的、有风险的优质投资项目。

5.5　本章小结

在本章中，笔者首先根据国有企业和民营企业经理人的不同属性，设定了符合现实的经理人效用函数：对于处于市场竞争中的民营企业，经理人薪酬作为主要激励方式直接影响其效用水平，考虑到个人面对同样数量的收益和损失时认为损失更难以忍受，设定了损失厌恶型的效用函数；对于国有企业经理人，当货币和股权等显性薪酬下降时也可以通过在职消费和政治激励等隐性激励弥补，因而对显性薪酬损失的反应不太敏感，设定了风险厌恶型的效用函数。

接下来将上述两类经理人效用函数代入传统委托代理模型中，从理论的角度考察了上述理论模型的求解思路。由于生产函数和经理人效用函数的具体形式无法观测，在避免做过多假设的情况下，本章基于 Grossman and Hart（1983）两步法的思路，探讨了根据现实数据进行模型校准的具体方法。

最后，搜集 2016 年我国上市公司经理人的实际薪酬数据，利用 Matlab 软件进行模型校准，为每一个经理人找出了最优合约参数的数值，提出了优化现有合约的具体思路。对风险厌恶型的国有企业经理人而言，最优薪酬合约为线性，应该降低其货币薪酬水平，并通过授予其股票激励以维持经理人原有效用水平和激励效果，但不应该授予其期权。通过调整薪酬结构为公司节省的薪酬成本是可观的，约合 71 万元人民币。对损失厌恶型的民营企业经理人而言，最优薪酬合约为凸性，应该降低其股票持有量，增加期权激励，并提高货币薪酬水平以维持原有激励效果。通过调整薪酬结构为公司节省的薪酬成本约合 1845 万元人民币。

第六章　高管薪酬管制的有效性

本书第三至五章分别从薪酬水平、薪酬业绩敏感性以及薪酬结构三个角度，对我国上市公司高管薪酬的有效性进行了研究。由于我国经济体制的特殊性，超过半数的上市公司为国家所有，针对国有企业高管薪酬的外生管制政策也层出不穷。在 20 世纪 90 年代之前，由于国有企业为全民所有且具有多重社会目标，国企经理人薪酬受到严格的管制。随着 1994 年“抓大放小”国有企业改革的推进以及 2003 年国资委的成立，许多国有企业转制成了符合市场经济的股份制公司，国有企业经理人市场化薪酬合约才逐步形成。近年来，我国经理人薪酬激励不足问题已部分缓解，薪酬已初步与公司业绩挂钩。但是诸如国企经理人薪酬过高，薪酬与公司业绩倒挂等问题也一直存在。自 2002 年至今，我国已先后出台过一系列关于规范与限制国有企业高管薪酬的政策性文件，其中以 2009 年《关于进一步规范中央企业负责人薪酬管理的指导意见》与 2014 年《中央管理企业负责人薪酬制度改革方案》最具影响力，分别被称为第一次“限薪令”和第二次“限薪令”。然而，大多数关于 2009 年“限薪令”的研究发现国企高管薪酬不但没有下降，反而引发了更大程度的在职消费行为。伴随着新一轮国有企业改革的推进以及中央八项规定下中央政府反腐力度的增大，在职消费已不再是国企经理人的替代性薪酬。本章在此背景下，具体考察 2014 年“限薪令”的实际执行效果，以及对公司价值的影响。

本章首先构建了一个信息不对称下的委托代理模型，分析了事前的薪酬管制对竞争和垄断性央企的不同效果。第二部分则基于理论模型的分析结果，提出了四条研究假说。第三部分介绍了数据来源与变量定义。第四部分进行了实证检验：首先以2014年“限薪令”这一外生政策冲击为准自然实验，利用双重差分法考察“限薪令”对国有企业高管薪酬以及企业内部薪酬差距的实际影响；其次采用事件研究法，通过股票价格的反应来评估“限薪令”的经济后果；最后考察了“限薪令”影响企业价值的内在机制，证实了公司治理环境与行业环境等横截面差异对市场反应的影响。第五部分对研究结果进行了稳健性检验与扩展检验。最后对本章内容进行了总结。

6.1 薪酬管制的理论模型

根据2014年“限薪令”的具体条款，该管制对中央国有企业经理人薪酬的不同组成部分分别进行限制，其中基本年薪不能超过上年度省属企业职工平均薪酬的两倍，绩效薪酬不能超过基本薪酬的两倍，任期激励不能超过总薪酬的30%。由此推算，央企经理人总体薪酬上限大致为与职工平均薪酬的7~8倍。由于这一限制在2015年1月1日正式实施，政策出台时间早于实施时间，因此属于事前的薪酬限制，即经理人已知“限薪令”的具体内容，可以在2015年初选择是否供给自己的才能（通过留任与离职）以及付出多少努力来最大化个人效用。本书构建了一个包含经理人努力与才能的简单模型来进行阐述。参照Dittmann et al.（2011）的研究，假设公司价值（V_0）是由一个基本的Cobb-Douglas生产函数决定①，两种基本投入即CEO的努力水平（e）与CEO才能（t），系数β与γ分别代表投入对产出的弹性，A代表其他影响公司价值的因素。

$$V_0 = Ae^{\beta} t^{\gamma} \tag{6-1}$$

以Hölmstrom（1979）为代表的基于信息不对称的完全合约理论指出，

① 尽管Murphy and Zabojnik（2004），Gabaix and Landier（2008）等学者选择线性函数来刻画CEO才能和努力对公司价值的影响，本书采用的这种指数模型也是该领域的普遍做法（Dittmann et al.，2011），在这里指数模型简化了后文最优解的形式。

CEO 薪酬的设计必须同时满足参与约束与激励相容条件，前者要求 CEO 薪酬不低于其外部雇佣机会带来的报酬，否则 CEO 不会接受该职位；后者是指给定 CEO 薪酬合约时，CEO 选择努力水平以最大化其个人效用，即薪酬合约能够给予 CEO 合适的激励使其努力。因此，对高管的补偿包括两个部分，一部分是激励薪酬（incentive compensation，IC）以激励高管努力，另一部分才能薪酬（talent compensation，TC）即对高管人力资本的定价。① 其中激励薪酬包括对高管个人努力以及风险承担的补偿，假设个人付出努力的成本为 $C(e)$，承担风险需要的风险溢价为 RP，那么 $IC(e)=C(e)+RP$。才能薪酬根据 CEO 的个人才能进行补偿，因此与才能水平有关，即 TC (t)。此外，央企高管转换为同级别的国家公务员的可能性也是高管履职的重要激励，因此将政治激励的潜在好处设为 B 并放入薪酬等式（6-4）。为求解的可行性，这里假设 CEO 努力与才能的供给函数均为等弹性函数，努力的供给函数为 e^{η}，才能的供给函数为 t^{δ}。

$$IC(e)=e^{\eta} \tag{6-2}$$

$$TC(t)=t^{\sigma} \tag{6-3}$$

$$\pi=IC(e)+TC(t)-B \tag{6-4}$$

假设公司永续，贴现率为 r，每年支付给高管的薪酬固定在 π 的水平，那么未来支付薪酬的预期成本为 $\frac{\pi}{r}$。即使高管离职，均衡情况下公司也会以相同的成本雇佣另一个才能类似的高管。因此公司的最优化问题为：

$$\max_{IC,\ TC} V_0-\frac{\pi}{r}$$

$$s.t.\ IC+TC-B=\pi \tag{6-5}$$

将（6-2）（6-3）式代入（6-1）式，可得 $V_0=A\,IC^{\beta/\eta}\,TC^{\gamma/\sigma}=A\,IC^{\alpha_1}\,TC^{\alpha_2}$，其中 $\alpha_1=\frac{\beta}{\eta}$，$\alpha_2=\frac{\gamma}{\delta}$。为求解最优化问题（6-5）式，Lagrange 方程

① 该模型只考虑了才能薪酬与激励薪酬两个部分，未考虑众多中国学者提出的如在职消费等非正规替代性薪酬（陈冬华等，2005），这是由于随着 2012 年 12 月中央八项规定的出台与中央反腐力度的加大，在职消费已经受到较为严格的管制，不再能够作为国企高管的替代性薪酬（梅洁，2015）。

为 $L = A\,IC^{\alpha_1}\,TC^{\alpha_2} - \frac{IC + TC - B}{r} + \lambda(IC + TC - B - \pi)$，因此一阶条件（F. O. C）为：

$$\frac{\alpha_1}{IC}V_0 - \frac{1}{r} + \lambda = 0 \Rightarrow IC = \frac{\alpha_1 V_0}{\frac{1}{r} - \lambda}$$

$$\frac{\alpha_2}{TC}V_0 - \frac{1}{r} + \lambda = 0 \Rightarrow TC = \frac{\alpha_2 V_0}{\frac{1}{r} - \lambda}$$

即，

$$\alpha_1 + \alpha_2 = \frac{\pi + B}{r V_0},$$

$$IC(e) = \frac{\alpha_1}{\alpha_1 + \alpha_2}(\pi + B), \tag{6-6}$$

$$TC(t) = \frac{\alpha_2}{\alpha_1 + \alpha_2}(\pi + B)$$

最后，考察经理人薪酬限制对公司价值的影响。由于2014年“限薪令”只对薪酬中的非股权部分进行了管制，且股权在央企高管薪酬中所占的份额较小，因此本书将“限薪令”简化为对整体薪酬水平的一个上限，即 $\pi \leqslant \bar{\pi}$ 。此外2014年“限薪令”只是简单地对高管薪酬水平的限高，并未包含任何完善公司治理的措施，因此假设“限薪令”的出台不会从本质上改变公司原本的治理环境。假设在不存在薪酬限制时，观测到的薪酬水平是帕累托有效的（Pareto Efficiency），但对股东而言不一定是最优的，即参与约束或激励相容约束不一定是紧的（binding）。由于不需要考虑委托代理关系的变化，该模型未设定具体的CEO的效用函数，因而也无法求解不存在委托代理问题下的最优薪酬 π^* ，只知道给定总体薪酬水平（ π ）后，才能薪酬（CEO才能水平）以及激励薪酬（CEO的最优努力水平）如何决定。

无薪酬限制时，帕累托有效的薪酬合约为：$IC(\pi^e) = \frac{\alpha_1}{\alpha_1 + \alpha_2}(\pi^e + B)$ ，$TC(\pi^e) = \frac{\alpha_2}{\alpha_1 + \alpha_2}(\pi^e + B)$ 。薪酬限制有约束力时，最优薪酬合约为：

$$IC(\bar{\pi}) = \frac{\alpha_1}{\alpha_1 + \alpha_2}(\bar{\pi} + B) \text{ , } TC(\bar{\pi}) = \frac{\alpha_2}{\alpha_1 + \alpha_2}(\bar{\pi} + B) \text{ 。}$$

$$\begin{aligned}
\ln\left[\frac{V_0(\bar{\pi})}{V_0(\pi^e)}\right] &= \ln[V_0(\bar{\pi})] - \ln[V_0(\pi^e)] \\
&= \ln A + \alpha_1 \ln[IC(\bar{\pi})] + \alpha_2 \ln[TC(\bar{\pi})] \\
&\quad - \{\ln A + \alpha_1 \ln[IC(\pi^e)] + \alpha_2 \ln[TC(\pi^e)]\} \\
&= \alpha_1 \ln\left[\frac{\alpha_1}{\alpha_1 + \alpha_2}(\bar{\pi} + B)\right] + \alpha_2 \ln\left[\frac{\alpha_2}{\alpha_1 + \alpha_2}(\bar{\pi} + B)\right] \\
&\quad - \left\{\alpha_1 \ln\left[\frac{\alpha_1}{\alpha_1 + \alpha_2}(\pi^e + B)\right] + \alpha_2 \ln\left[\frac{\alpha_2}{\alpha_1 + \alpha_2}(\pi^e + B)\right]\right\} \\
&= \alpha_1 \ln(\bar{\pi} + B) + \alpha_2 \ln(\bar{\pi} + B) - \alpha_1 \ln(\pi^e + B) - \alpha_2 \ln(\pi^e + B) \\
&= (\alpha_1 + \alpha_2) \ln\left(\frac{\bar{\pi} + B}{\pi^e + B}\right) \qquad (6\text{-}7)
\end{aligned}$$

在国有企业市场化改革的进程中，竞争性国企的行政管制与政府补贴被逐渐取消，市场机制发挥了越来越重要的作用，但是对垄断性国企的作用则十分有限，因此“限薪令”对于竞争性和垄断性国企可能会产生不尽相同的效果。具体而言，对于竞争性国企，企业价值（ V_0 ）很大程度上取决于经理人的才能（t）与努力水平（e），并且经理人政治晋升的可能性较小，因此市场化货币薪酬才是高管的主要激励，“限薪令”对企业价值的影响更符合推论 6-1 的预测：

推论 6-1（“限薪令”对竞争国企价值的影响）假设不存在薪酬限制时的帕累托有效薪酬水平为 π^e ，并且薪酬限制 $\bar{\pi}$ 是有约束力的，即 $\bar{\pi} \leqslant \pi^e$ ，那么公司价值的对数变化与薪酬水平的对数成比例，即：$\ln\left[\frac{V_0(\bar{\pi})}{V_0(\pi^e)}\right] = (\alpha_1 + \alpha_2)\ln\left(\frac{\bar{\pi} + B}{\pi^e + B}\right)$ 。

反之，对于垄断性国企，一方面公司价值（ V_0 ）对经理人才能（t）和努力程度（e）的敏感性较低，即生产函数（6-1）中投入产出系数 β 与

γ 都较小，垄断地位能够保障企业获取稳定的利润；另一方面，垄断性行业与竞争性行业中的国有企业经理人政府层级存在较大差异，一般而言垄断性行业国有企业经理人政治晋升的可能性更大，反映在该模型中即政治激励（B）较大，这意味着经理人努力程度几乎不受货币薪酬激励的影响。因此“限薪令”对垄断性央企的影响更符合推论 6-2：

推论 6-2（“限薪令”对垄断国企价值的影响）假设不存在薪酬限制时的帕累托有效薪酬水平为 π^e，并且薪酬限制 $\overline{\pi}$ 是有约束力的，即 $\overline{\pi} \leqslant \pi^e$。一方面货币薪酬的限制对垄断性央企高管的努力与任职决策影响较小（B 相对较大）；另一方面即使高管减少努力，对垄断企业利润的影响也十分有限（α_1 与 α_2 相对较小），因此“限薪令”对公司价值的影响有限（当 B 较大或 α_1 与 α_2 较小时，（6-7）式越接近于 0）。

6.2 研究假说

众多关于 2009 年“限薪令”的研究发现，国企高管薪酬并未下降，“限薪令”的实际执行力度与限薪效果均不理想（沈艺峰和李培功，2010；李燕萍等，2010）。陈冬华等（2005）甚至发现由于薪酬管制的存在，在职消费成为国有企业管理人员的替代性选择，说明在职消费内生于国有企业面临的薪酬管制约束。陈信元等（2009）也认为薪酬管制是造成高管腐败和过度在职消费的主要原因，间接证明了薪酬管制对企业绩效的影响。2014 年第二次“限薪令”是否会产生不同于第一次“限薪令”的效果？这是本书旨在考察的第一个问题。由于两次“限薪令”所处的政治环境不同，在 2012 年底中央八项规定出台后，国企高管在职消费受到较为严格的控制，高管腐败被查处的案件数量有所增加，表现出新一轮国有企业改革的决心，因此本书预期 2014 年“限薪令”可能会取得与 2009 年不同的效果。由于 2014 年“限薪令”直接针对的是央企主要负责人，但同时也要求地方国有企业参照执行，因此央企高管薪酬下降幅度高于地方国企。基于此，本书提出假说 6-1：

假说 6-1（“限薪令”与实际薪酬）2014 年“限薪令”降低了国企高管的实际薪酬以及企业内部薪酬差距，尤其是“限薪令”，直接影响央企。

关于薪酬管制对公司价值的影响，学术界主要有三派理论观点。其一是“协调假说”，认为高管通过权力寻租榨取了超额薪酬，“限薪令”能够缓解委托代理问题并形成更加合理的薪酬激励，进而增加公司价值。Balachandran et al.（2007）发现“薪酬话语权投票”（say-on-pay）有较好的效果，该法案给予外部股东投票权以决定经理人薪酬合约是否能够通过，英国在 2002 年通过该法案后，经理人薪酬与公司业绩的敏感性显著增加，尤其对本身存在超额薪酬的公司；Cai and Walkling（2011）发现美国 2007 年公布该法案时，存在超额薪酬的公司股价也有正向市场反应。其二是“干预假说”，认为“限薪令”的出台反而扭曲了原本有效的薪酬激励，加之政策执行成本，导致公司价值减少。如 Verret（2009）等学者发现美国 1993 年颁布的《税法修正案》反而导致经理人薪酬迅速增长；美国银行由于 TARP 计划损失了最优秀的 12 名高管，这使得许多参与该计划的公司提前归还政府救援金以退出该计划，因此这类直接的薪酬限高政策并未取得预期的效果。此外，第三种观点认为“限薪令”作用有限或其具体执行存在不确定性，不会显著影响公司价值，即“中性假说”。

我国在推进市场化改革的过程中，国有企业经理人薪酬业绩敏感性逐渐增强，经理人薪酬合约逐步趋于合理，可见市场竞争是驱动国有企业经理人薪酬契约变迁的主要力量。由于行业壁垒、价格管制与政府补贴的存在，市场竞争对处于垄断性行业内的企业作用十分有限，但在竞争性行业内发挥了重要的作用，因此同样的“限薪令”对于竞争性和垄断性行业的央企可能会产生不尽相同的效果。对于竞争性央企，在市场机制下，原本的薪酬已经处于帕累托有效水平（即使经理人榨取了部分租金），此时更低的激励薪酬（IC）减少了经理人的努力程度，而更低的才能薪酬（TC）则导致企业在市场竞争中流失优质经理人，因此“限薪令”对竞争性央企的影响更符合“干预假说”（推论 6-1）。垄断性央企高管由于其政治人身份，货币性薪酬在其个人激励中作用有限，加之垄断性央企由于市场势力能够产生稳定的利润，因此不会如“干预假说”所述产生在竞争性央企中的负面效果。理论上在极端情况下“限薪令”不影响生产函数但降低了公司的生产成本，进而增加公司价值。但是，由于国有企业一般规模较大，经理人薪酬相对于公司价值而言极其微小，因此通过“限薪令”节省的生产成本也几乎可以忽略，即“限薪令”对垄断性央企的影响更符合“中性假说”（推论 6-2）。

假说 6-2a（竞争性央企市场反应）“限薪令”的出台减少了竞争性央企的公司价值，更符合“干预假说”。

假说 6-2b（垄断性央企市场反应）“限薪令”的出台对垄断性央企公司价值的影响有限，更符合“中性假说”。

为了进一步证实“限薪令”减少竞争性央企公司价值的内在机制，本书考察了市场反应的横截面差异。由于高管努力程度和个人才能无法观测或难以测度，因此本书从超额薪酬的来源这一角度进行考察。根据模型设定，不存在薪酬限制时的薪酬水平虽然是帕累托有效的，但对股东而言不一定是最优的。超出最优薪酬水平的薪酬一方面可能是 CEO 因权力过大榨取的租金（Core et al.，1999），另一方面则是对管理者才能的补偿（Falato，2006）。若超额薪酬是租金榨取，那么公司治理环境较差时，必须给予 CEO 更多的激励薪酬才能促使其努力，即这类公司激励薪酬 α_1 相对较大，总薪酬（尤其是激励薪酬）也相对更高，Dittmann et al.（2011）与 Gayle et al.（2015）也证实了这一代理问题与激励薪酬之间的关系。另一方面，若超额薪酬是对 CEO 个人能力的补偿，对于增长迅速、竞争性强的行业，或高度市场化的地区，CEO 能力对公司价值的影响更为重要（Bizjak et al.，2008；江伟，2010）。这类公司才能薪酬 α_2 相对较大，总薪酬（尤其是才能薪酬）也相对更高。处于增长期的行业需要有才能的 CEO 选择合适的投资项目以产生正现金流，激烈的行业竞争也使得公司竞相争夺有才能的 CEO，同时健全的市场机制减少了摩擦成本，有助于实现 CEO 才能与公司价值的精确匹配（Gabaix and Landier，2008）。因此通过公司本身治理水平与所处行业环境的差异，可以识别出超额薪酬的主要来源是租金榨取还是才能补偿，前者意味着更高的激励薪酬（α_1），后者要求更高的才能薪酬（α_2），由推论 6-1 可知，α_1 与 α_2 越大，公司价值下降更多。因此本书提出横截面检验的两个研究假说：

假说 6-3（公司治理与市场反应）其他条件相同时，公司治理环境越差，“限薪令”导致的竞争性央企价值损失越大，但对垄断性央企没有显著影响。

假说 6-4（行业环境与市场反应）其他条件相同时，行业增长率越高、竞争越激烈，所处地区市场化程度越高，“限薪令”导致的竞争性央企价值损失越大，但对垄断性央企没有显著影响。

6.3 数据来源与变量定义

本书以沪深两市 A 股的国有上市公司为研究样本，剔除了事件日停牌或在估计窗存在大规模停牌（估计窗观测天数不足 90%）的公司，剔除了金融类公司、交易状态异常（ST，PT 等）的公司，以及实际控制人为外资、大学、集体或者无法识别的公司，最终研究样本包括 638 家国有上市公司，5 个事件日，共 3190 个累积异常回报的观测值。为考察假说 6-3 与 6-4，本书进一步加入了其他公司与行业层面的研究变量，并且只保留了受“限薪令”直接影响的央企，研究样本为包括 208 家央企上市公司的 1040 个观测值。本书除公司实际控制人数据来源于万得数据库（Wind）外，其他数据均来自国泰安数据库（CSMAR）。根据实际控制人名称与性质进行分类，将总样本划分为中央国有企业、地方国有企业与民营企业三类。本书对竞争性与垄断性行业的划分参照 Aharony et al.（2000）、辛清泉和谭伟强（2009）的研究，具体而言，根据 2012 年版证监会行业分类标准，确立 B-采矿业，C25-石油加工、炼焦和核燃料加工，C31-黑色金属冶炼及压延工业，C32-有色金属冶炼及压延工业，D-电力、热力、燃气及水生产和供应业为垄断性行业，其他为竞争性行业。

为衡量公司的治理环境，本书参照白重恩等（2005）的研究方法，通过一系列反映公司治理内外部机制的变量，运用主元分析法（Principal Component Analysis，PCA）生成了一个反映上市公司治理水平的综合指标 *G_ Index*。具体而言，选择了以下八个治理变量：CEO 与董事长是否两职合一的虚拟变量（*Duality*）；董事会中外部董事占比（*Idsh*）；高管持股比例（*Exesh*）；第一大股东持股比例（*Shr*1）；第二至十大股东持股集中度（*HHI*2-10）；企业是否拥有母公司的虚拟变量（*Parent*）；企业是否在海外其他市场挂牌上市的虚拟变量（*Crosslist*）；企业是否属于国有控股公司的虚拟变量（*SOE*）。主元分析法利用降维的思想，在损失较少信息的前提下把以上八个指标转化为较少的综合指标，本书将主元分析法得出的第一大指标定义为 *G_ Index*。其中八个子变量 *Duality*、*Idsh*、*Exesh*、*Shr*1、*HHI*2-10、*Parent*、*Crosslist*、*SOE* 的载荷系数（loading factor）分别为 0.4325，0.1233，0.5415，-0.2110，0.2134，-0.4476，-0.0673，-0.4578。①

为衡量行业环境，本书选择了行业年增长率（*Growth*）、行业竞争度（*HHI*）以及地区市场化程度（*Mktindex*）三个指标。具体而言，行业年增长率（*Growth*）为“限薪令”出台前三年（2011—2013）的年度行业增长率的均值；行业竞争度选择赫芬达尔指数（Herfindahl-Hirschman Index，HHI），具体计算公式为：$HHI = \sum_{i-1}^{N} (X_i/X)^2 \times 100$，其中 N 代表该行业总企业数量，X_i 由代表企业 i 的销售收入，X 代表该行业所有企业的销售收入之和，因此 *HHI* 越小，则行业竞争性越强，反之行业越趋于垄断性。地区市场化程度（*Mktindex*）来自于樊纲等（2010）报告的中国各省份市场化指数，该指数越高，代表市场化程度越高。

其他控制变量包括公司规模（*Size*），即总资产的自然对数；账面市值比（*M/B*），具体计算为（总负债的账面价值+股权的市场价值）/总资产；以及动量（*Momentum*），即事件 1 发生前一年股票的年化收益率。此外，还加入了不同事件日以及行业的虚拟变量。根据 2012 年行业分类标准，除制造业取前两位代码外，其他行业取首位，共 21 个行业。

---

① 白重恩等（2005）利用 2000 年全部 A 股上市公司为研究样本，计算出的荷载系数分别为：0.023，0.23，0.037，-0.625，0.595，-0.378，0.071，-0.227，本书利用全部 A 股上市公司 2013 年的数据，得出的结果与白重恩（2005）的结论基本一致。

表 6-1 变量定义表

类别	变量名	定义
市场反应	*CAR*	事件研究法计算的累积异常收益（%）
治理环境	*G_ Index*	主成分分析法计算得出的 G 指标
行业环境	*Growth_ rate*	所在行业近三年年均增长率
	HHI	所在行业的竞争度
	Mktindex	所在地区的市场化程度指数
其他控制变量	*Size*	公司规模
	M/B	账面市值比
	Momentum	前一年股票的年化收益率

本书主要变量的描述性统计如表 6-2 所示。*G_ Index* 为衡量公司治理环境的相对指标，该指标越大，代表治理环境越好。对于行业环境，21 个子行业 2011—2013 年行业平均增长率为 76.3%，增长最慢的行业年均增长率为 10.3%，增长最快的行业年均增长率为 288.1%；行业竞争度 *HHI* 差异也较大，最具垄断性的行业 *HHI* 为 46.18，竞争最激烈的行业为 1.24。① *Mktindex* 为衡量地区市场化程度的相对指标，该指标越大，代表市场化程度越高。

表 6-2 描述性统计表

变量名	观测值	均值	标准差	最小值	最大值
G_ Index	965	-1.284	0.532	-2.224	1.256
Growth_ rate	1，040	0.763	0.763	0.103	2.881
HHI	1，040	10.312	15.065	1.242	46.182
Mktindex	1，040	8.802	1.872	4.980	11.800
Size	1，040	23.148	1.811	19.581	26.821
M/B	1，040	0.539	0.213	0.059	0.938
Momentum	1，040	0.174	0.444	-0.521	2.583

① 本书对于行业竞争度的测算较为片面，只考虑了上市公司样本。但是一方面上市公司样本可以大致估算行业竞争度的相对水平，另一方面与工业企业数据库相比可以涉及更多的行业，因此本书暂用上市公司数据计算行业竞争度。

6.4 实证结果

6.4.1 “限薪令”与实际高管薪酬

因此本书基于2010—2016年上市公司高管个人薪酬数据，利用双重差分法对2014年“限薪令”的实际政策效果进行检验，回归模型如下：

$$Y_{it} = \alpha + \beta\, Treat_i \times Post_t + \gamma\, Controls_{it} + \delta_i + \mu_t + \varepsilon_{ijt} \qquad (6\text{-}8)$$

2014年“限薪令”要求央企高管与普通员工的薪酬差距不超过7-8倍，因此本书被解释变量同时考察了高管薪酬水平和内部薪酬差距两个因素。参照辛清泉和谭伟强（2009）的研究，本书根据公司年报中披露的“董事、监事以及高管前三名薪酬总额”计算高管平均薪酬，再取自然对数ln（*Pay*）来测度其薪酬水平。内部薪酬差距（*Gap*）为高管平均薪酬与普通员工平均薪酬之比，其中普通员工平均薪酬由现金流量表披露的“支付给职工以及为职工支付的现金”扣减“董事、监事以及高管薪酬总额”除以员工总人数来衡量（潘敏和刘希曦，2016）。由于2014年“限薪令”对民营企业高管薪酬没有影响，因此将民营企业视为控制组（*Treat*=0，即*Central/SOE*=0），将央企视为处理组时，用*Central*代替*Treat*（*Central*=1），将全部国企视为处理组时，用*SOE*代替*Treat*（*SOE*=1）。此外，根据“限薪令”执行的时点，将2014年之前的年份，即2010—2013年，视为政策出台前（*Post*=0）；2014年之后年份，即2015—2016年，视为政策出台后（*Post*=1）。此外还控制了公司层面影响高管薪酬且随时间变化的因素，包括公司规模（*Size*）、财务杠杆（*Leverage*）、经营绩效（*ROA*）、公司年龄（*Age*）、董事会规模（*Bdsize*）、独立董事比例（*Idsh*）、高管持股比例（*Exesh*）、第一大股东持股比例（*Shr*1），以及股权制衡度（*Shr*2-10）等。其中i代表上市公司，t代表年份。由于控制了公司固定效应（δ_i）与年份固定效应（μ_t），解释变量中不再单独加入*Central*（*SOE*）与*Post*，只加入两者的交互项且交互项系数即为双重差分法所关心的系数。

在进行双重差分回归之前，首先要对平行趋势假说（parallel trend hypothesis）进行检验。图 6-1 左图汇报了民营企业、地方国有企业与央企高管薪酬水平在样本期间的变化趋势，右图展示了三类企业中高管和普通职工薪酬差距的变化趋势。央企作为 2014 年“限薪令”直接管制的对象，是本书的处理组；由于“限薪令”也要求地方国企参照执行，本书进一步将处理组扩展至全部国有企业；民营企业不受“限薪令”影响，是控制组。在 2014 年“限薪令”之前，三类企业中高管薪酬水平都在逐年上升，薪酬差距逐年虽小，变化趋势大体上是平行的，满足双重差分法的平行趋势假设。2015 年开始，中央国有企业高管薪酬水平保持平稳，而民营企业以及地方国企高管薪酬水平持续增长，说明相对于民营企业，2014 年“限薪令”后央企高管薪酬水平有所下降。公司内薪酬差距呈现类似的现象，央企中高管与普通职工薪酬差距在 2014 年以后明显下降，但是民营企业和地方国企薪酬差距继续升高，地方国企薪酬差距在 2016 年才出现明显的下降，显示其参照执行“限薪令”的时滞性。三类企业高管薪酬水平与薪酬差距的变化趋势初步支持了假说 6-1：相对于民营企业，2014 年“限薪令”降低了中央国有企业高管的薪酬水平，并缩小了高管与普通员工之间的薪酬差距。

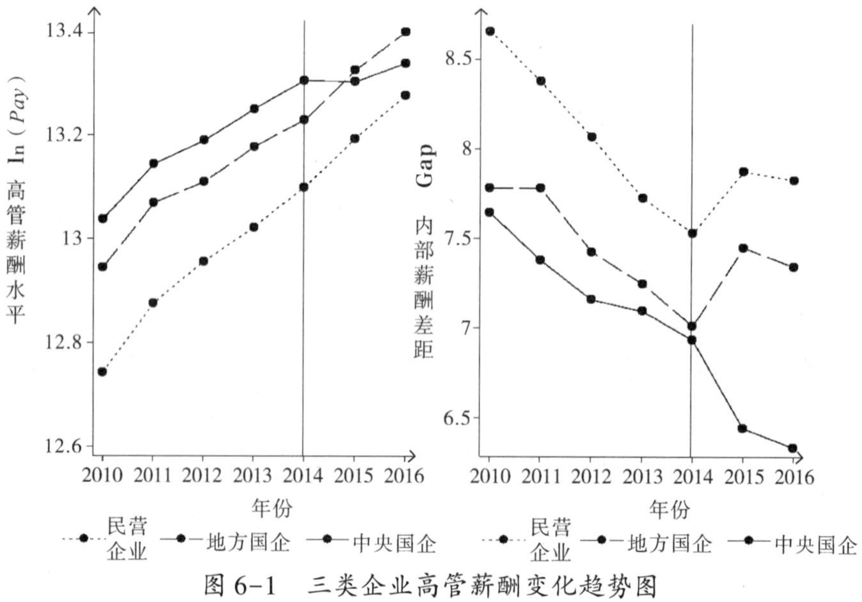

图 6-1 三类企业高管薪酬变化趋势图

本书进一步利用回归模型（6-8）考察"限薪令"的实际效果。表 6-3 中第（1）与第（3）列将包括地方国有企业在内的全部国企视为处理组，第（2）与第（4）列将中央国有企业视为处理组，用固定效应模型控制了公司层面的异质性以及共同的时间趋势。就薪酬水平而言，交互项 *SOE* * *Post* 与 *Central* * *Post* 的系数一致为负，并且都在 1%显著性水平下显著，说明 2014 年"限薪令"显著降低了国有企业高管的薪酬水平。其中，*Central* * *Post* 的系数绝对值更大，说明"限薪令"对央企的影响更为强烈，与民营企业相比，"限薪令"使全部国企高管薪酬平均下降了 12.6%，使中央国企高管薪酬平均下降 16.6%。就内部薪酬差距而言，交互项 *SOE* * *Post* 与 *Central* * *Post* 的系数一致为负，但后者更加显著。交互项 *SOE* * *Post* 系数为-0.335，在 10%显著性水平下显著，表示相对于民营企业，2014 年"限薪令"使全部国企内部薪酬差距缩小了 0.335。*Central* * *Post* 的系数为-0.59，并且在 1%显著性水平下显著，说明中央国有企业相对于民营企业而言，高管与普通员工之间的薪酬差距缩小了 0.59。总体而言，双重差分的结果支持了假说 6-1，即 2014 年"限薪令"降低了国企高管的实际薪酬和企业内部薪酬差距，尤其是"限薪令"，会直接影响央企。

表 6-3　双重差分法的结果

变量名	(1) ln（*Pay*）	(2) ln（*Pay*）	(3) *Gap*	(4) *Gap*
SOE * *Post*	-0.126***	—	-0.335*	—
	(0.0182)	—	(0.192)	—
Central * *Post*	—	-0.166***	—	-0.590***
	—	(0.0207)	—	(0.209)
Size	0.212***	0.211***	1.498***	1.522***
	(0.0153)	(0.0165)	(0.159)	(0.176)
Leverage	-0.129***	-0.110**	-0.268	-0.193
	(0.0476)	(0.0513)	(0.513)	(0.557)

续 表

变量名	(1) ln (*Pay*)	(2) ln (*Pay*)	(3) *Gap*	(4) *Gap*
ROA	0.142**	0.117**	0.804*	0.682
	(0.0556)	(0.0498)	(0.425)	(0.421)
Age	0.0627***	0.0639***	-0.282***	-0.290***
	(0.00368)	(0.00393)	(0.0402)	(0.0439)
Bdsize	0.124**	0.168***	0.713	1.023
	(0.0561)	(0.0622)	(0.620)	(0.697)
Idsh	0.177	0.269*	2.422	2.994
	(0.141)	(0.159)	(1.634)	(1.876)
Exesh	-0.00217	-0.0113	-0.335	-0.557
	(0.0705)	(0.0711)	(0.714)	(0.716)
Duality	-0.0442***	-0.0414**	-0.130	-0.0954
	(0.0167)	(0.0168)	(0.169)	(0.176)
*Shr*1	0.00214**	0.00268**	0.0152	0.0199*
	(0.00106)	(0.00115)	(0.0105)	(0.0111)
*Shr*2-10	0.00286***	0.00305***	0.0298***	0.0313***
	(0.000741)	(0.000796)	(0.00798)	(0.00863)
Constant	7.129***	6.978***	-24.43***	-25.72***
	(0.342)	(0.369)	(3.661)	(4.070)
观测值	12,794	9492	12,794	9492
公司个数	2,739	2116	2,739	2116
公司固定效应	Yes	Yes	Yes	Yes
年份固定效应	Yes	Yes	Yes	Yes
R^2	0.331	0.336	0.046	0.049

注：前两列被解释变量为高管薪酬的自然对数，后两列被解释变量为公司内部薪酬差距。解释变量第一行为 OLS 法估计的系数，第二行括号内数值为公司内聚集的稳健性标准误。***，**，*分别代表在 1%，5%与 10%显著性水平下显著。

6.4.2 “限薪令”的市场反应

本书利用事件研究法，考察2014年“限薪令”这一公司外部政策事件对国有企业股价的影响。事件研究法最早由Dolley（1933）提出，自Fama et al.（1969）将该方法完善与推进后，广泛应用于金融经济学领域，集中探讨了兼并收购、分红政策以及盈余公告对股票价格的影响；此外，在法律与经济领域，事件研究法也常被用于评估政策效应（Larcker, 2011; Cai and Walkling, 2011; 胡金焱, 2003; 李平等, 2014）。

国外用事件研究法评估政策效应时，主流的做法是根据《华尔街日报》选取事件日期。然而，国内并无相应媒体会在第一时间发布相关政策的所有进程，因此本书对事件日的选取综合了实际政策进展以及国内权威媒体《人民日报》的相关报道，共选择了5个与“限薪令”审议、出台与推进相关的重要时间点。① 根据国际上管制事件研究法的惯例，本书选取自第一次事件发生前的100个交易日为估计窗，具体时间跨度为2014年3月24日到2014年8月14日。随着通信技术的不断发展，市场对信息的获取和消化的速度大大加快，现有研究表明宏观政策事件对市场造成的影响基本在当日即被消化（寇明婷和卢新生, 2011; 李平等, 2014）。但考虑到政策消息存在提前泄露或新闻报道滞后等因素，本书事件窗选取在事件日当天与前后各一天［-1，1］，这种短时间窗也是目前国际上政策与管制事件研究法的普遍做法（Cai and Walkling, 2011; Akyol et al., 2012）。此外，当事件窗包含其他干扰事件时，本书剔除了存在干扰事件的事件日，实际事件窗如表6-4最后一列所示。剔除干扰事件的规则如下：首先，当三日事件窗因周末等非交易日不连续时，本书只保留事件日当天和与其相邻的交易日，这是由于周末等非交易日往往伴随有其他各类政策新闻的宣告（因此事件1、2、5事件窗只包含两个连续的交易日）；其次，由于事件3发生当日为非交易

① 与利用事件研究法考察并购或分红宣告不同，进行政策评估时，由于政策的出台存在一系列关键时点，每个时点均向市场披露了新的信息，因此常用的做法是选取一系列事件日，而非单一事件日（Larcker et al., 2011; Zhang, 2007）。

日，因此将事件窗向后平移一个交易日，即事件窗为 2015 年 1 月 5 日（+1）与 2015 年 1 月 6 日（+2）；最后，对于发生于两会期间的事件 4，相关干扰事件较多，因此其事件窗只包含事件日当天。

表 6-4 2014《中央管理企业负责人薪酬制度改革方案》相关事件列表

事件	宣告日	内容	实际事件窗（交易日）
1	2014.08.18	中共中央全面深化改革小组第四次会议，审议《方案》	[0，+1]
2	2014.08.29	习近平总书记主持中共中央政治局会议，审议通过《方案》	[−1，0]
3	2015.01.01	《方案》正式实施，72 家央企调整了薪酬标准，地方国企也开始执行	[+1，+2]
4	2015.03.10	十二届全国人大三次会议新闻中心举办记者会，人社部部长尹蔚民指出薪酬改革配套政策有望尽快出台	[0]
5	2015.04.24	人社部新闻发布会，发言人李忠表示加紧推进薪酬改革，细节尽快发布	[−1，0]

注：表中《中央管理企业负责人薪酬制度改革方案》简称为《方案》

根据 Campbell et al.（1997）的研究，本书选择市场模型对正常收益进行估计。利用估计窗数据，估计出每家公司市场模型的回归系数，并根据市场模型计算出正常收益（$\hat{R}$）。因此每个事件日的异常收益（AR）即为实际收益与正常收益之差，事件窗内所有事件日的异常收益之和计为累积异常收益（CAR）。

$$R_{it} = \alpha_i + \beta_i R_{mt} + \varepsilon_{it}，AR_{it} = R_{it} - \hat{R}_{it}，CAR_{ie} = \sum_{t=-1}^{1} AR_{iet} \quad (6\text{-}9)$$

表 6-5 报告了“限薪令”的市场反应情况。全样本包括 638 家国有企

业（包括地方与中央国有企业）与5个事件日，共计算出3190个CAR_{ie}。根据公司实际控制人类型、行业属性以及事件日进行分组检验。总体而言，只有处于竞争性行业的央企有-0.406%的累积异常收益，并且在1%统计性水平下显著，说明“限薪令”会导致竞争性央企平均损失0.4%的股东财富；处于垄断性行业的央企累积异常收益为-0.09%，不仅减少了一个数量级而且不具有统计显著性，说明“限薪令”对垄断性央企没有显著影响（支持假说6-2a、6-2b）。此外，由于地方国企不是“限薪令”直接针对的对象，虽然其也被要求参照执行，但考虑到政策执行的不确定性，所以其并没有显著的市场反应。

表6-5 “限薪令”的市场反应情况表

CAR	地方国有企业		中央国有企业	
	竞争性	保护性	竞争性	保护性
事件1	-0.007	-0.156	0.115	-0.13
	(-0.0454)	(-0.615)	(0.383)	(-0.396)
	347	75	169	47
事件2	0.014	-0.12	0.069	0.064
	(0.119)	(-0.485)	(0.347)	(0.238)
	347	75	169	47
事件3	-0.206	1.862***	-0.041	1.324**
	(-1.105)	(4.276)	(-0.131)	(2.280)
	347	75	169	47
事件4	0.069	-0.2	-0.386**	-0.591**
	(0.640)	(-0.871)	(-2.415)	(-2.225)
	347	75	169	47
事件5	-0.471*	0.052	-1.788***	-1.118
	(-1.862)	(0.106)	(-5.716)	(-1.630)
	347	75	169	47

续 表

CAR	地方国有企业		中央国有企业	
	竞争性	保护性	竞争性	保护性
加总	-0.12	0.288	-0.406***	-0.0902
	(-1.568)	(1.795)	(-3.356)	(-0.428)
	1735	375	845	235

注：分事件日检验中，每组第一行为平均累积异常收益，第二行括号内为T统计量，第三行为该组观测值个数。最后加总检验中，第二行括号内为经过按事件日聚集调整后的T统计量，修正了横截面相关导致的T统计量高估问题。***，**，*分别代表在1%，5%与10%显著性水平下显著。

6.4.3 “限薪令”市场反应的影响因素

为考察公司治理与行业环境对市场反应的影响，本书针对受“限薪令”直接影响的央企，对多元回归模型（6-10）进行估计。被解释变量为事件研究法估计出的每家上市公司每个事件窗的累积异常收益（CAR_{ie}），本书重点考察的解释变量有综合衡量公司治理环境的 *G_ Index*，以及衡量行业环境的行业增长率（*Growth*）、行业竞争度（*HHI*）、地区市场化指数（*Mktindex*）三类变量。此外，参照事件研究法的惯例（Larcker，2011；谢德仁和陈运森，2010），本书还控制了可能影响公司股票收益率的其他因素（*Controls*），包括公司规模（*Size*）、账面市值比（*B/M*）、动量（*Momentum*）。最后，控制了行业虚拟变量（ν_j）和事件日虚拟变量（μ_t）。根据上文的理论分析，竞争性央企与垄断性央企有完全不同的市场反应，而治理环境与行业环境只会影响竞争性央企的市场反应，因此将央企根据行业属性划分为竞争性行业和垄断性行业两类，分别进行模型（6-10）的回归。

$$CAR_{it} = \alpha + \beta_1 G_{Index\,it} + \beta_2 Growth_{it} + \beta_3 HHI_{it} + \beta_4 Mktindex_{it} + \gamma Controls_{it} + \nu_j + \mu_t + \varepsilon_{it} \tag{6-10}$$

模型（6-10）混合了所有央企5个事件日的 *CAR*，由于“限薪令”同时影响了所有央企，导致同一事件日不同央企的回报率存在横截面相关

（cross-sectional dependence），因此传统方法计算的标准误存在事件日聚集效应（clustering effect），忽略该问题会带来严重的估计问题。标准误由于聚集效应被低估，因而系数显著性水平被高估。本书参照 Petersen（2009）与 Larcker et al.（2011）的方法，在混合了多个事件日的检验中，均采用经过事件日聚集调整的标准误来解决横截面相关问题。

为考察公司个体或行业环境对市场反应的影响，本书针对受“限薪令”直接影响的 208 家中央国有企业，计算出 5 个事件日的 1040 个累积异常收益，根据多元回归模型（6-10）进行估计的结果如表 6-6、表 6-7 所示。

表 6-6　竞争性央企市场反应的横截面检验表

变量名	(1) *CAR*	(2) *CAR*	(3) *CAR*	(4) *CAR*	(5) *CAR*	(6) *CAR*
G_ Index	0. 394**	—	—	—	—	0. 368**
	(2. 906)	—	—	—	—	(2. 786)
Growth	—	2. 436***	—	—	-6. 612***	-6. 611***
	—	(3. 505)	—	—	(-13. 06)	(-10. 15)
Mktindex	—	—	-0. 0873**	—	-0. 0873**	-0. 0791*
	—	—	(-2. 189)	—	(-2. 189)	(-1. 902)
HHI	—	—	—	0. 286***	1. 125***	1. 109***
	—	—	—	(3. 505)	(10. 440)	(9. 213)
Size	0. 354**	0. 312**	0. 326**	0. 312**	0. 326**	0. 364***
	(2. 972)	(2. 416)	(2. 528)	(2. 416)	(2. 528)	(3. 135)
M/B	-2. 416**	-1. 846**	-1. 846**	-1. 846**	-1. 846**	-2. 431**
	(-2. 981)	(-2. 957)	(-2. 852)	(-2. 957)	(-2. 852)	(-2. 968)
Momentum	0. 206	0. 177	0. 219	0. 177	0. 219	0. 245
	(0. 568)	(0. 486)	(0. 621)	(0. 486)	(0. 621)	(0. 713)
Constant	-7. 830**	-8. 040**	-7. 465**	-8. 644**	-10. 14***	-10. 14***
	(-2. 911)	(-2. 674)	(-2. 455)	(-2. 752)	(-3. 149)	(-3. 470)
观测值	735	805	805	805	805	735
事件固定效应	Yes	Yes	Yes	Yes	Yes	Yes
行业固定效应	Yes	Yes	Yes	Yes	Yes	Yes
调整的 R^2	0. 067	0. 069	0. 071	0. 069	0. 071	0. 069

注：解释变量第一行为 OLS 法估计的系数，第二行括号内数值为经过事件日聚集修正了横截面相关的 T 统计量，***，**，* 分别代表在 1%，5%与 10%显著性水平下显著。

表6-6采用逐步回归法，第（1）列只加入了公司治理水平(*G_ Index*)与控制变量，*G_ Index* 系数为0.394且在5%统计性水平下显著；第（6）列为加入所有变量的回归结果，*G_ Index* 的系数为0.368，仍在5%统计性水平下显著。这意味着其他条件相同时，综合治理指标每降低1个单位，“限薪令”导致竞争性央企的公司价值平均损失0.37%。说明对于竞争性央企，公司治理环境越差，“限薪令”导致的公司价值损失越大。此外，未加入其他解释变量的第（2）列与加入全部解释变量的第（6）列相比，*Growth* 的系数发生了较大变化，这说明 *Growth* 与其他变量存在较为严重的共线性，此时第（6）列的结果才是可信的。*Growth* 系数为-6.611且在1%显著性水平下显著，这说明其他条件相同时，行业增长率每提高10个百分点，“限薪令”导致竞争性央企公司价值多损失0.66%。*Mktindex* 的系数在第（4）列与第（6）列方向一致且显著为负，说明公司所处的地区市场化程度越高，“限薪令”对竞争性央企的负面影响越大。*HHI* 的系数在第（3）列与第（6）列方向一致且显著为正，说明公司所处的行业竞争越激烈，即 *HHI* 取值越小，“限薪令”对竞争性央企的负面影响越大。

表6-7报告了垄断性央企的回归结果，第（6）列结果显示，无论是衡量公司治理环境的 *G_ Index* 还是衡量行业增长型、地区市场化程度以及行业竞争度的 *Growth*、*Mktindex* 、*HHI*，其系数均不显著。这说明公司治理环境与行业环境都不会影响处于垄断性行业的央企的市场反应。表6-6与表6-7的结果，支持了假说6-3与假说6-4：其他条件相同时，公司治理环境越差，“限薪令”导致的竞争性央企价值损失越大；行业增长率越高、竞争越激烈，地区市场化程度越高，“限薪令”导致的公司价值损失也越大；但上述因素对垄断性央企都没有显著影响。

表 6-7　垄断性央企市场反应的横截面检验

变量	(1) CAR	(2) CAR	(3) CAR	(4) CAR	(5) CAR	(6) CAR
G_ Index	0.0736	—	—	—	—	0.0534
	(0.431)	—	—	—	—	(0.329)
Growth	—	0.655	—	—	-2.896	-3.059
	—	(0.838)	—	—	(-0.719)	(-0.766)
Mktindex	—	—	0.051	—	0.051	0.0393
	—	—	(1.097)	—	(1.097)	(0.942)
HHI	—	—	—	0.0264	0.143	0.151
	—	—	—	(0.838)	(0.756)	(0.803)
Size	0.158	0.159	0.131	0.159	0.131	0.137
	(1.436)	(1.431)	(1.204)	(1.431)	(1.204)	(1.275)
M/B	0.348	0.302	0.325	0.302	0.325	0.354
	(0.356)	(0.307)	(0.329)	(0.307)	(0.329)	(0.361)
Momentum	-1.259**	-1.238**	-1.250**	-1.238**	-1.250**	-1.263**
	(-4.411)	(-4.260)	(-4.314)	(-4.260)	(-4.314)	(-4.416)
Constant	-3.771*	-5.059	-3.673*	-4.831	-3.597**	-3.541**
	(-2.247)	(-1.778)	(-2.231)	(-1.861)	(-2.860)	(-2.804)
观测值	230	235	235	235	235	230
事件固定效应	Yes	Yes	Yes	Yes	Yes	Yes
行业固定效应	Yes	Yes	Yes	Yes	Yes	Yes
调整的 R^2	0.095	0.094	0.095	0.094	0.095	0.096

注：解释变量第一行为 OLS 法估计的系数，第二行括号内数值为经过事件日聚集修正了横截面相关的 T 统计量，***，**，* 分别代表在 1%，5%与 10%显著性水平下显著。

6.5 扩展性检验

6.5.1 倾向得分匹配法

在第 6.4.1 部分利用双重差分法考察“限薪令”对高管实际薪酬以及企业内薪酬差距的影响的研究中，本书分别将中央国有企业和全部国有企业作为处理组，以民营企业作为控制组执行双重差分检验。但是，由于国有企业和民营企业本身具有明显的差异，所以即使图 6-1 显示处理组和控制组在“限薪令”出台前具有平行变化趋势，但仍然无法完全排除两组企业本身差异的影响，因此双重差分法中直接以民营企业作为国有企业的控制组之效果不甚理想。基于此，为保证结果的稳健型，本书利用 Rosenbaum and Rubin（1983）提出的倾向得分匹配法（Propensity score matching，PSM），为每家国有企业匹配了一家属于同一行业并且各类公司特征最为相近的民营企业作为控制组。然后，将受到“限薪令”直接影响或间接影响的中央国有企业与全部国有企业作为处理组，将与其匹配的民营企业作为控制组，在此基础上进行双重差分检验，即采用“PSM+DID”法。

具体操作是以 2014 年“限薪令”出台前，即 2013 年底的公司财务数据为匹配基准，利用倾向得分匹配法为每家国有企业选取了一家属于同一行业且倾向得分最接近的民营企业作为处理组。具体计算倾向得分时，以公司规模（*Size*）、财务杠杆（*Leverage*）、经营绩效（*ROA*）、公司年龄（*Age*）、董事会规模（*Bdsize*）、独立董事比例（*Idsh*）为控制变量，利用 Logit 模型估计倾向得分（propensity score，PS）。然后，对于每一家国有企业，选取与其属于同一行业，且倾向得分最为接近的民营企业为其控制组，执行时采用有放回的一比一最邻近配对法。

为了保证倾向得分匹配的效果，接下来对 PSM 匹配后的结果进行平衡性检验（balancing test）。平衡性检验主要考察该匹配方法是否使得处理组和控制组在各个变量上达到充分平衡，即在各个变量上两组之间都没有显著性差异。表 6-8 汇报了平衡性检验的结果。

表 6-8　PSM 后的平衡性检验结果表

	均值			T 检验			
变量名	样本	处理组	控制组	偏差%	“偏差缩减%”	t 值	p 值
Size	Unmatched	22.505	21.421	97.6	—	19.51	0.000
	Matched	22.505	22.448	5.2	94.7	0.75	0.452
Leverage	Unmatched	0.528	0.370	77.9	—	14.78	0.000
	Matched	0.528	0.544	-8	89.8	-1.31	0.190
ROA	Unmatched	0.035	0.050	-10.2	—	-1.75	0.080
	Matched	0.035	0.042	-4.3	57.3	-1.33	0.183
Age	Unmatched	17.052	13.259	77.8	—	14.28	0.000
	Matched	17.052	17.397	-7.1	90.9	-1.18	0.239
Bdsize	Unmatched	2.211	2.108	55.9	—	10.70	0.000
	Matched	2.211	2.201	5.5	90.2	0.87	0.383
Idsh	Unmatched	0.368	0.376	-15.6	—	2.95	0.003
	Matched	0.368	0.367	1.9	88	0.31	0.755

表 6-8 的结果显示有放回的一比一最邻近配对法选取的处理组和控制组通过了平衡性检验。对于全部六个控制变量，执行匹配之前，处理组和控制组都存在十分显著的差异。但是，匹配之后，处理组和匹配上的控制组在所有控制变量上都不再有显著性差异。与此类似，图 6-2 描述了匹配前后处理组和控制组在六个控制变量上的相对差异，可以看出，匹配之后控制组和处理组在所有变量上的差异都大大减小了。

平衡性检验的结果说明本书采用的匹配方法确实是有效的。接下来，在 PSM 得出国企（处理组）和与其匹配的民营企业（控制组）的基础上，重复回归模型（6-8）的双重差分检验。检验结果如表 6-9 所示，就薪酬水平而言，交互项 *SOE* * *Post* 与 *Central* * *Post* 的系数一致为负，并且都在 1%

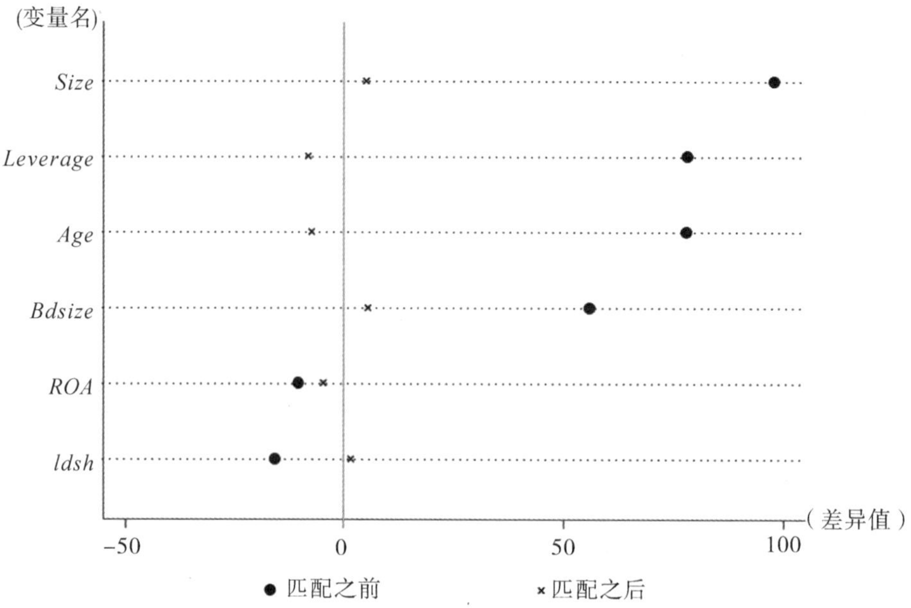

图 6-2 PSM 后的平衡性检验图

显著性水平下显著，其中，*Central* * *Post* 的系数绝对值更大，说明“限薪令”对央企的影响更为强烈。就内部薪酬差距而言，交互项 *SOE* * *Post* 与 *Central* * *Post* 的系数一致为负，但只有 *Central* * *Post* 的系数在 5%显著性水平下显著，说明“限薪令”显著降低了央企内部的薪酬差距。表 6-9 的结果与表 6-3 的结果是一致的，进一步支持了假说 6-1，即 2014 年“限薪令”降低了国企高管的实际薪酬和企业内部薪酬差距，尤其是“限薪令”直接影响央企，增强了 6.4.1 结论的稳健型。

表 6-9 基于 PSM 样本的 DID 检验

变量名	ln（*Pay*）	ln（*Pay*）	*Gap*	*Gap*
SOE * *Post*	-0.123***	—	-0.345	—
	(0.0244)	—	(0.263)	—
Central * *Post*	—	-0.165***	—	-0.587**
	—	(0.0275)	—	(0.286)
Size	0.230***	0.222***	1.561***	1.557***
	(0.0210)	(0.0245)	(0.214)	(0.260)

续　表

变量名	ln（*Pay*）	ln（*Pay*）	*Gap*	*Gap*
Leverage	−0.225***	−0.210***	−0.720	−1.114
	(0.0671)	(0.0799)	(0.763)	(0.881)
ROA	0.158**	0.121*	1.202**	1.018**
	(0.0780)	(0.0696)	(0.503)	(0.497)
Age	0.0601***	0.0622***	−0.289***	−0.292***
	(0.00522)	(0.00589)	(0.0552)	(0.0628)
ln（*Board*）	0.0843	0.143	−0.0864	0.157
	(0.0777)	(0.0944)	(0.801)	(0.979)
ID%	0.0106	0.0925	1.294	2.332
	(0.190)	(0.230)	(2.234)	(2.674)
Exeshare	0.243*	0.228	1.745	1.589
	(0.124)	(0.148)	(1.282)	(1.394)
Duality	−0.0457**	−0.0375	−0.0632	0.0259
	(0.0227)	(0.0243)	(0.218)	(0.244)
*Shr*1	0.00154	0.00214	−0.00449	−0.00457
	(0.00127)	(0.00145)	(0.0130)	(0.0143)
*Shr*2−10	0.00228**	0.00279**	0.0232**	0.0248*
	(0.00102)	(0.00118)	(0.0108)	(0.0128)
Constant	6.884***	6.806***	−22.28***	−22.49***
	(0.480)	(0.568)	(5.045)	(6.133)
观测值	7679	3044	7679	3044
公司数目	1370	538	1370	538
公司固定效应	Yes	Yes	Yes	Yes
年份固定效应	Yes	Yes	Yes	Yes
R^2	0.309	0.301	0.041	0.042

注：前两列被解释变量为高管薪酬的自然对数，后两列被解释变量为公司内部薪酬差距。解释变量第一行为 OLS 法估计的系数，第二行括号内数值为公司内聚集的稳健性标准误。***，**，* 分别代表在 1%，5%与 10%显著性水平下显著。

6.5.2 “限薪令”对公司财务业绩的影响

本书第6.4.2部分主要基于事件研究法考察“限薪令”对公司股价的影响，发现竞争性央企有显著负的累积异常收益，而垄断性央企几乎不受影响。但是这一研究方法具有一定的局限性：一方面股价在［-1，1］这三日事件窗内的变动反映的是“限薪令”对股东财富的短期影响，无法测度“限薪令”的长期效果；另一方面公司股价反映的仅仅是资本市场对公司的估值，该估值可能存在一定的噪音故而无法完全准确地衡量公司实际价值。因此，本节基于双重差分法，考察“限薪令”出台后的两年中受政策影响的央企与不受影响的民营企业财务表现的差异，来检验6.4.2结论的稳健性。

本节基于2010—2016年上市公司财务业绩数据，利用双重差分法对2014年“限薪令”的长期政策效果进行检验，在进行多元回归检验之前，先描述了处理组（央企）与控制组（民营）企业财务业绩的变化趋势。图6-3的上、中、下三部分分别基于三类财务业绩的指标：*ROA*、*ROE*、*Growth*；左半部分汇报了竞争性行业的结果，右半部分汇报了垄断性行业的结果；实线代表处理组中央国有企业，虚线代表控制组民营企业。由图6-3可知，对于竞争性行业而言，无论是基于哪种财务业绩指标，在“限薪令”出台之后，央企相对于民营企业都有十分明显的业绩下滑，尤其出现在2015年；但是对于垄断性行业，以总资产收益率（*ROA*）和净资产收益率（*ROE*）衡量企业业绩时，“限薪令”的出台并未导致央企业绩出现更大程度的下滑，反而相对于民营企业下降幅度较小。只有以销售增长率（*Growth*）衡量时，央企较民营企业有更大程度的下滑。这初步说明，相对于民营企业而言，“限薪令”出台后，受影响的中央国有企业财务业绩出现更大幅度的下滑，但该效应只体现在竞争性行业中。

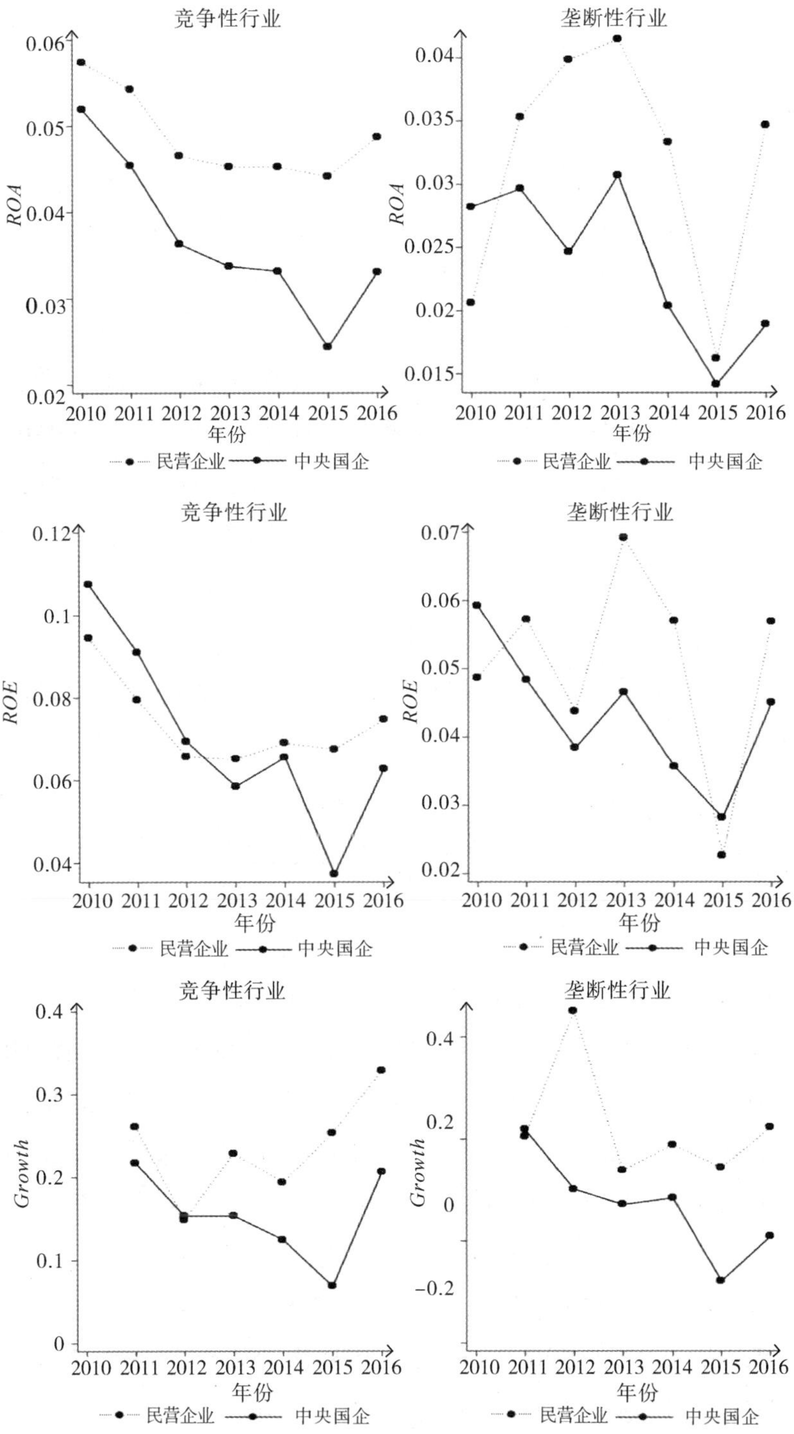

图 6-3 竞争与垄断性企业财务业绩的变化趋势图

图 6-3 的结果只考察了单一因素的影响，为了尽可能控制住其他影响因素，识别出“限薪令”对两类企业业绩的影响，本书设定了如下的多元回归模型（6-11）：

$$Perf_{it} = \alpha + \beta\, Treat_i \times Post_t + \gamma\, Controls_{it} + \delta_i + \mu_t + \varepsilon_{ijt} \quad (6-11)$$

其中被解释变量为公司财务业绩指标，在此选取总资产收益率（*ROA*）、净资产收益率（*ROE*）以及销售收入增长率（*Growth*）三个指标加以说明。同样，将重点关注的中央国有企业作为处理组（*Treat* =1），将不受“限薪令”影响的民营企业视为控制组（*Treat*=0）。根据“限薪令”执行的时点，将 2010—2013 年视为政策出台前（*Post*=0）；2015—2016 年视为政策出台后（*Post*=1）。此外还控制了公司层面影响其业绩的因素，包括公司规模（*Size*）、财务杠杆（*Leverage*）、公司年龄（*Age*）、董事会规模（*Bdsize*）、独立董事比例（*Idsh*）、高管持股比例（*Exesh*）、第一大股东持股比例（*Shr*1），以及股权制衡度（*Shr*2-10）等。由于控制了公司固定效应（δ_i）与年份固定效应（μ_t），解释变量中不再单独加入 *Treat* 与 *Post*，只加入两者的交互项，且交互项系数即为双重差分法所关心的系数。进一步，根据 6.2 部分理论模型的推论，竞争性央企及垄断性央企会受到不同的影响，因此根据行业属性将样本分为竞争性行业和垄断性行业两组，分别进行模型(6-11)的回归。

表 6-10 的前三列汇报了竞争性行业的结果，双重差分法关注的交互项（*Treat* * *Post*）系数均显著为负，并且至少在 5%显著性水平下显著，说明对于竞争性行业的央企，“限薪令”颁布后，其财务业绩相对于不受影响的民营企业而言有显著下降，符合“干预假说”。表 6-10 的后三列汇报了垄断性行业的结果，交互项（*Treat* * *Post*）的系数均为正且不显著，说明“限薪令”的颁布对垄断性央企财务业绩并没有显著的影响，因而更符合“中性假说”。由此可知，表 6-10 的结果进一步支持了假说 6-2a 与假说 6-2b，证明本章 6.4.2 部分基于事件研究法考察“限薪令”政策效果的结果是稳健的，无论是基于股价衡量公司价值，还是基于财务指标衡量公司业绩，“限薪令”都会对竞争和垄断性央企会产生不同影响。

表 6-10 "限薪令"对竞争和垄断性央企财务业绩的影响表

变量名	(1)	(2)	(3)	(4)	(5)	(6)
	竞争性行业			垄断性行业		
	ROA	*ROE*	*Growth*	*ROA*	*ROE*	*Growth*
Treat * *Post*	-0.00622**	-0.0242***	-0.0843**	0.0126	0.0287	0.0344
	(0.00298)	(0.00709)	(0.0390)	(0.00849)	(0.0225)	(0.101)
Size	0.0149***	0.0424***	0.389***	0.0306***	0.0719***	0.409***
	(0.00219)	(0.00536)	(0.0392)	(0.00781)	(0.0209)	(0.124)
Leverage	-0.0784***	-0.142***	0.407***	-0.121***	-0.363***	0.00465
	(0.00835)	(0.0224)	(0.130)	(0.0271)	(0.0749)	(0.394)
Age	-0.00454***	-0.00950***	-0.0460***	-0.00695***	-0.0151***	-0.0749***
	(0.000571)	(0.00139)	(0.00832)	(0.00154)	(0.00469)	(0.0230)
Bdsize	0.00293	0.0121	-0.144	-0.0375*	-0.0634	-0.246
	(0.00791)	(0.0170)	(0.110)	(0.0205)	(0.0617)	(0.227)
Idsh	0.00462	0.0407	-0.103	-0.0463	-0.104	0.834
	(0.0205)	(0.0435)	(0.311)	(0.0775)	(0.207)	(0.982)
Exesh	0.0262**	0.0461**	0.159	0.0289	-0.0187	0.779
	(0.0109)	(0.0211)	(0.146)	(0.0518)	(0.120)	(0.720)
Duality	0.00192	0.00217	-0.100**	0.0124	0.0337*	-0.0471
	(0.00245)	(0.00566)	(0.0408)	(0.00825)	(0.0195)	(0.0927)
*Shr*1	0.000884***	0.00185***	0.0117***	0.000349	0.00129	0.00303
	(0.000158)	(0.000312)	(0.00261)	(0.000504)	(0.00128)	(0.00326)
*Shr*2-10	0.000553***	0.000711***	0.0140***	0.000355	0.000385	0.00968**
	(0.000116)	(0.000251)	(0.00196)	(0.000362)	(0.00106)	(0.00425)
Constant	-0.232***	-0.773***	-8.087***	-0.415**	-1.028**	-7.980***
	(0.0455)	(0.107)	(0.837)	(0.174)	(0.451)	(2.496)
观测值	7,577	7,577	5,720	686	686	522
公司数目	1,736	1,736	1,538	142	142	135
公司 FE	Yes	Yes	Yes	Yes	Yes	Yes
年份 FE	Yes	Yes	Yes	Yes	Yes	Yes
R^2	0.126	0.093	0.148	0.192	0.157	0.163

注：前三列估计样本为竞争性行业的央企和民营企业，后两列被解释变量为公司内部薪酬差距。解释变量第一行为 OLS 法估计的系数，第二行括号内数值为公司内聚集的稳健性标准误。***，**，*分别代表在 1%，5%与 10%显著性水平下显著。

6.6 本章小结

针对2014年《中央管理企业负责人薪酬制度改革方案》这一外生薪酬管制冲击，本章考察了该政策对央企高管薪酬的实际作用以及对公司股价的影响。利用双重差分法考察“限薪令”对高管实际薪酬的研究表明，与2009年“限薪令”不同，在新的经济环境下，2014年“限薪令”是具有执行力的。相对于民营企业，国有企业（尤其是央企）高管薪酬以及高管和普通员工的薪酬差距在2014年以后有显著下降。然而，事件研究法的结果显示，“限薪令”对央企并未产生正面效果。处于竞争性行业的央企有显著负的累积异常收益，公司价值平均损失0.4%，这支持了“干预假说”，即“限薪令”的出台扭曲了竞争性央企原本有效的薪酬水平，减少公司价值。但是，处于垄断性行业的央企股价几乎不受“限薪令”影响。为考察“限薪令”降低竞争性央企公司价值的内在机制，本书通过治理环境与行业环境解释了市场反应的横截面差异。公司治理环境越差，激励薪酬越重要，“限薪令”下高管更容易出现懒政与懈职等行为，导致竞争性央企价值损失越大。行业增长率越高、竞争越激烈，或地区市场化程度越高，“限薪令”导致的公司价值损失也越大。这是因为在激烈的行业竞争与健全的市场机制下，公司业绩更依赖于高管才能，才能薪酬是公司竞争优质人才的重要手段，而降薪可能导致人才流失，进而损害公司价值。但这些对垄断性央企都没有显著影响。

中国处于市场经济转型期，国有成分在经济中仍扮演着相当重要的角色，尤其在一些国家战略安全性行业成为主导。国企高管作为职业经理人，也同时具有官员身份，难以对其进行完全市场化的薪酬激励，因此国企高管薪酬一直受到严格的管制。2015 年《关于深化国有企业改革的指导意见》[①] 作为推进国有企业改革的纲领性文件，明确提出了“分类改革”“精准监管”“由管企业转向管资本”等指导思想。本书的研究结论支持了这一政策思路：对于竞争性央企，政府本身可能并不如市场了解最优薪酬水平如何，因此仅通过无差别的行政手段将高管薪酬限制为普通员工均薪的倍数，反而扭曲了市场激励的作用，导致公司价值受损。因此应推进以市场为导向、以企业为主体的薪酬改革，以期企业内部形成有效的薪酬激励。对于垄断性央企或其他国企，由于行业垄断地位与高管政治激励的存在，将高管薪酬限制在合理的水平虽然并未损害公司价值，但因为其面临的市场是复杂的，则简单的薪酬限高也就无法通过改善其薪酬激励机制来提升企业价值，实现国有企业的保值增值目的。2014 年“限薪令”可能更多的是在经济下行的背景下，出于社会收入分配公平性的考虑而出台的，然而公平的收入分配应当借助税收或转移支付等二次分配机制，而非限制国企经理人薪酬这种会带来效率损失的法规。因此，剥离政策性负担、建立现代企业制度、完善公司治理、推进非国有经济产权的国有企业改革必须同激励与约束相统一、权力与风险相匹配的国企高管薪酬改革配套进行。

① 2015 年 9 月 13 日，中共中央、国务院印发了《关于深化国有企业改革的指导意见》。同时还发布了一系列配套文件，形成 1+N 的国企改革方案，主要内容包括：分类改革、股权混改、从管企业变为管资本、强化监督、加强党的领导以及为国企改革操作良好条件等。

第七章 研究结论与未来展望

本书以中国上市公司高管薪酬激励为研究对象，系统性梳理了与高管薪酬相关的最优合约理论、高管权力理论、人力资本理论、锦标赛理论，以及基于“社会人”假设的管家理论和社会比较理论等基础理论，并总结归纳了当前国内外相关领域的研究成果。理论上，有效的高管薪酬合约应该能够吸引有才能的经理人，并激励他们努力实现股东价值最大化的目标。然而现实中，我国高管薪酬急剧上升且高管薪酬差距较大，高管薪酬与公司业绩脱钩，股权激励发展迟缓以及各类国有企业高管薪酬管制政策不尽如人意，这些实践结果与最优合约理论预测所不一致的地方，引发了学术界和业界的激烈讨论，并产生了“租金榨取观”和“有效合约观”两派观点。“租金榨取观”认为现存的高管薪酬不是由董事会根据股东价值最大化的目标制定的，而是由权力过大的高管出于个人利益最大化的考虑为自己制定的，因此高管薪酬整体水平过高并且缺乏激励效果，相关监管部门应增强对高管薪酬的管制。然而，“有效合约观”则认为现实中高管薪酬与传统委托代理模型预测不一致的地方不能简单归因于公司治理的缺陷，而是由于传统的委托代理模型忽略了一些高管薪酬的特性，因此通过对传统模型的改进，能够充分解释现实观测到的高管薪酬合约形式。在这种观点下，现有的高管薪酬激励本身是符合经济规律的，对股东而言也是有效的，即做到了股东价值最大化，监管部门对高管薪酬的外生限制不但难以实现预期的效果，反而扭曲了原本有效的薪酬激励，损害股东的长期财富。

本书主要从“租金榨取观”和“有效合约观”这两种视角，结合我国实际经济体制与市场规律，具体针对高管薪酬急剧上升、薪酬与业绩脱钩、股权激励发展迟缓以及国企薪酬管制失效这四个问题，依次从高管薪酬整体水平、薪酬业绩敏感性、薪酬结构以及薪酬管制四个方面考察了我国上市公司高管薪酬的有效性。第三至六章分别构建了高管劳动力市场匹配模型、高管薪酬相对业绩评估模型、国有和民营企业高管不同效用函数对应的代理模型以及外生薪酬管制下的代理模型四种理论模型，对传统代理模型进行某些更加符合现实的修正，并利用现实数据对模型预测进行实证检验。研究发现，我国上市公司高管薪酬激励在一定程度上是符合“有效合约观”的，高管薪酬水平的持续增长以及经理人的“超级明星”现象是高管劳动力市场竞争性均衡的结果，高管薪酬普遍上也已经采用了相对业绩评估标准。尽管当前高管薪酬结构还存在一定的优化空间，尚未达到有效的配置，但是国有企业和民营企业经理人期权激励的差异也已经反映了两类企业经理人不同的效用函数。因此，直接对高管薪酬实施“一刀切”的管制政策难以取得预期的效果，反而扭曲了原本有效的市场激励，应当根据企业特征施行分类监管、精准监管，或是推进以市场为导向、完善公司治理机制的薪酬改革，以期在企业内部形成有效的薪酬激励。

7.1 研究结论

通过对我国2005—2016年上市公司高管薪酬进行系统性研究，本书主要有以下结论：

第一，就薪酬整体水平而言，平均经理人薪酬从2005年的23万元上涨到2016年的58万元（均以2005年物价水平计），增长了1.5倍。经理人薪酬总体分布呈现高度右偏态，少部分企业为其经理人制定了极高的薪酬，即经理人“超级明星”现象。针对这一问题，本书构建了一个经理人劳动力市场匹配模型，并利用上市公司数据进行模型校准，发现经理人薪酬的差距是由于其所在公司规模的差距导致的，即哪怕经理人才能增加极少的部分，也会因为与其匹配的公司规模而放大。基于此，近年来经理人薪酬的整体上涨主要是对公司规模整体扩张的一个均衡反应，个别公司经理人获取的极高薪酬也是由于公司规模同步放大了经理人才能之间的微小差异。这些现象的背后有其潜在的经济规律，而不仅仅是公司治理缺陷下经理人榨取租金的结果。那么，出于“租金榨取观”而出台的一系列限制经理人薪酬的政策管制和舆论压力，反而可能抑制经理人施展才能，进而降低公司业绩。

第二，在传统代理模型的基础上，本书引入了可观测的同行公司业绩作为额外信号，发现经理人薪酬应当与过滤掉行业冲击后的公司业绩正相关，即“相对业绩评估”。实证检验发现我国上市公司在制定经理人薪酬合约时采用了相对业绩评估标准，但主要集中于制造业公司，并且在 2009 年之后开始全面应用。进一步发现相对业绩评估存在不对称性，当公司业绩较差时更少使用相对业绩评估。企业所有权性质、行业竞争程度也会影响相对业绩评估在经理人薪酬合约中的运用。此外，通过 Antle and Smith（1986）的研究方法将公司业绩分解为非系统性部分和系统性部分，发现基于会计指标（ROA 和 ROE）来衡量公司业绩时，支持强式相对业绩评估。由此可见，在同行业公司业绩可观测的情况下，采用相对业绩评估对股东而言是更为有效的。

第三，考察高管薪酬的最优结构，并证实个人效用函数在决定合约具体形状上的重要性。本书对处于市场竞争中的民营企业经理人设定了损失厌恶型的效用函数，对国有企业经理人设定了风险厌恶型的效用函数。对国有企业经理人而言，最优薪酬呈线性，应降低其货币薪酬水平，并授予其股票激励以维持经理人原有效用水平和激励效果，但不应该授予其期权。通过调整薪酬结构可以为公司节省 0.82%（约合 71 万元人民币）的薪酬成本。对民营企业经理人，其最优薪酬合约呈凸性，应该降低其股票持有量，增加期权激励，并提高货币薪酬水平以维持原有激励效果。通过调整薪酬结构为公司节省 2.07%（约合 1845 万元人民币）的薪酬成本。由于国有企业经理人效用函数为风险厌恶型，授予其更多股票能够带来更大的激励效果，但是期权的激励效果十分有限，这是因为经理人边际效用递减，国有企业经理人并没有冒险提高公司业绩的激励。但是，对于损失厌恶型的民营企业经理人，最优合约中应当包含期权，这样的合约可以保护经理人不受下行风险的影响，并促使其从事更多长远的、有风险的优质投资项目。

第四，本书考察了事前的薪酬管制对竞争和垄断性企业的不同效果。针对 2014 年《中央管理企业负责人薪酬制度改革方案》这一外生薪酬管制冲击，利用双重差分法考察“限薪令”对央企高管薪酬的实际作用，发现相对于民营企业，国有企业（尤其是央企）高管薪酬和公司内部薪酬差距在 2015 年及以后都有显著下降。事件研究法的结果显示“限薪令”导致处于竞争性行业的央企公司价值平均损失 0.4%，支持了“干预假说”；但处于垄断性行业的央企股价几乎不受“限薪令”影响，符合“中性假说”。此外，公司治理越差、行业增长率越高、竞争越激烈，或地区市场化程度越高，“限薪令”导致的公司价值损失也越大。该研究结论为我国本轮国有企业改革提供了理论和实证证据，支持了 2015 年《关于深化国有企业改革的指导意见》提出的“分类改革”“精准监管”的指导思想。对于竞争性央企，政府本身可能并不如市场了解最优薪酬水平如何，因此仅通过无差别的行政手段将高管薪酬限制为普通员工平均工资的倍数，反而扭曲了市场激励的作用，导致公司价值受损，应推进以市场为导向、以企业为主体的薪酬改革，以期在企业内部形成有效的薪酬激励。对于垄断性央企或其他国企，由于行业垄断地位与高管政治激励的存在，将高管薪酬限制在合理的水平虽然并未损害公司价值，但因为其面临的市场是复杂的，难以发挥作用，则简单的薪酬限高也就无法通过改善其薪酬激励机制来提升企业价值，实现国有企业的保值增值目的。因此，剥离政策性负担、建立现代企业制度、完善公司治理、建立激励与约束相统一、权力与风险相匹配的国企高管薪酬改革需要配套进行。

7.2 研究局限性

由于数据可得性和篇幅限制，本书的研究仍然存在诸多不足之处：

第一，本研究中除了第五章具体考察高管薪酬结构时采用了广义的高管薪酬定义，即全面纳入了货币性薪酬、限制性股票与股票期权等激励成分以外，其他部分只考查了狭义的高管薪酬，即包括基本工资、奖金与津贴的货币性薪酬。事实上，高管薪酬合约应当是货币薪酬、长期股权激励、在职消费以及福利计划等的组合，仅关注货币薪酬而忽略其他成分低估了薪酬的整体激励效果，也可能导致一些估计偏差。例如，国有企业高管激励可能更多地来源于在职消费、其他福利和政治激励，仅仅用货币薪酬衡量严重低估了国有企业高管的薪酬激励强度；另外，某些特定行业（如软件、通信、生物医疗等高科技行业）可能更倾向于采用股票和期权等中长期股权激励计划，忽略这部分薪酬组成成分也会大大低估这类行业的高管激励强度。

第二，本书在第三章中，通过构建一个高管劳动力市场匹配模型，解释了近年来整体高管薪酬的持续增长以及不同高管间的薪酬差距。事实上，本书构建的劳动力市场匹配模型只是众多理论的一种，还有一系列其他理论可以从不同的角度解释高管薪酬的持续性扩张。例如，信息技术的发展使高管人力资本从公司特定性发展为更具普适性，这增强了公司雇佣外部市场中专业经理人的概率，进而也会拉高了高管薪酬（Frydman，2005；Murphy and Zabojnik，2007）。从宏观角度而言，整体经济上行以及国际贸易的增强，提升了公司本身的业绩表现以及外国公司对于高管才能的竞争，进而拉高了高管薪酬水平（Cao and Wang，2008；Marin and Verdier，2004）。本书第三章构建的劳动力市场匹配模型只是从一个特定的角度分析了近年来高管薪酬持续上涨以及不同高管薪酬差距的可能原因，这个均衡模型只关心高管的人力资本，并没有涉及对高管努力的激励问题与承担风险的补偿，因此本章的分析很可能只是该问题的冰山一角。

第三，本书在第四章考查薪酬业绩敏感性时，虽然通过在传统代理模型中加入可观测的同行业公司业绩，推导出有效的高管薪酬合约应该采取相对业绩评估，并计算了有效的高管薪酬对公司业绩的敏感性系数，即高管薪酬对自身公司业绩的敏感性 $\alpha_1 = 1/1 + \gamma g \sigma^2(1-\rho^2)$ 以及高管薪酬对参照公司业绩的敏感性 $\alpha_2 = -\frac{\rho\sigma}{\delta}\alpha_1$ 。但是，在实证检验中，却并未回答实际高管薪酬业绩敏感性应该是多少的问题。这是由于系数 α_1 与 α_2 的具体取值还取决于一系列其他参数，包括公司产出的不确定性 σ 、公司自身业绩与参照公司业绩的协相关系数为 ρ 、经理人的风险厌恶系数为 γ 、付出努力对高管的负效用中的参数 g 。现实中这些参数的具体值难以观测，因此无法计算出有效的薪酬业绩敏感性系数应该是多少。本书第四章利用多元线性回归，发现我国上市公司在制定高管薪酬时已经采用了相对业绩评估，即证实 $\alpha_1 > 0$ 且 $\alpha_2 < 0$；甚至支持了“强式相对业绩评估”，即 α_1/α_2 等于一个小于零的常数，但是无法确定现有的薪酬业绩敏感性系数是否有效，即 α_1 和 α_2 的具体取值是否符合理论模型。

第四，本书第五章在考察有效的高管薪酬结构时，主要通过刻画国有企业和民营企业高管不同的个人效用函数，进而推导出两类企业高管的最优薪酬激励结构。本章的结论具有一定的理论意义：在给定整体薪酬组合对高管的激励强度时，公司董事会应当根据高管具体效用函数的特点，为其制定最优的薪酬结构以尽可能节省公司成本。但该结论在现实中的应用与推广需要审慎对待。一方面风险厌恶和损失厌恶型效用函数只是这两类企业高管的差异之一，国有企业高管的真实激励十分复杂（还包括个人政治晋升与企业社会责任等等），本章基于过度简化的模型假设推导并校准出的高管薪酬结构优化策略也是不够稳健的。另一方面，现实中我国（尤其是国有企业）高管薪酬中的股权激励部分一直以来受到较为严格的政策管制，这类政策限制使得高管薪酬中股票和期权的具体比例并非董事会主动选择的结果，因而本章的研究还较为粗糙，难以在实践中推广。

7.3 未来研究展望

本书的研究尚存在诸多局限性和不完备之处，因而为未来的研究提供了新的方向。

第一，目前关于我国上市公司高管薪酬的实证研究中，大多数研究以货币性薪酬作为整体薪酬的代理变量，还极少有文献全面测算货币性薪酬、股权激励、在职消费以及其他福利作为一个整体合约的结果。股权激励强度的测度可以参照国际惯例，以 Black-Scholes 公式计算的期权价值。虽然在职消费尚无十分精确的测度方法，但已有部分学者提出了各类近似估计的策略，例如陈冬华（2005）提出将年报附注中“办公费、差旅费、业务招待费、通讯费、出国培训费、董事会费、小车费和会议费”八类加总计算所得，或者 Luo（2011）与权小锋等（2010）将管理费用中扣除董监高薪酬、计提的坏账准备与无形资产摊销等所得。未来的研究可以基于以上对股权激励和在职消费的测度，对整体薪酬合约的特性进行全面考察。第二，高管薪酬作为一种社会经济问题，其真实决定机制必然是十分复杂的。正如前文指出的，文本在考察高管薪酬整体水平增长时提出的理论只是众多可能的理论中的一种，这也为后续研究提供了明确的方向。目前从理论层面深入考察我国高管薪酬决定机制的文献还十分有限，未来还可以从高管更易转换的人力资本、宏观经济与国际贸易、公司治理与风险补偿等其他角度进行研究。

第三，在构建国有企业高管薪酬激励模型中，充分考虑到国有企业高管政治激励的重要性，并将其量化。例如可以借助实物期权理论，将国企高管晋升机会视为一个期权，将不同等级职务对应的未来薪酬现金流贴现作为当前职务的总回报，以具体量化每个国有企业高管实际政治晋升激励的强度。进一步将政治晋升强度纳入总体薪酬合约结构的分析框架，模型校准货币薪酬、股票和期权的最优配置比例，可以得到更加具有现实指导意义的研究结论。

第四，现实中“股东价值观”和“租金榨取观”并不是非此即彼的，本书的分析框架是建立在对传统代理模型的修正之上，证实了目前我国上市公司高管薪酬是符合“股东价值观”的，但并不否认公司治理和高管权力对高管薪酬的影响。未来的研究可以基于高管权力、内外部公司治理与高管薪酬，考察“租金榨取观”在现实中发挥的作用。尽管目前国内学术界关于“租金榨取观”的实证研究已经十分丰富，但由于样本期和公司所处行业的差异以及识别策略的不同，尚未得出一致的结论。尤其是公司治理、高管权力以及高管薪酬三者都是内生于公司特征的变量，它们之间因果关系的识别由于严重的内生性问题而缺乏说服力，未来的研究可以基于一些外生政策或工具变量构建识别策略①，或者通过理论模型的分析佐证实证结果②，以期得到更具信服力的研究结论。

① 涉及公司治理环境的外生政策和工具变量较为丰富，例如对董事会结构的政策调整，如美国证监会关于独立董事比例不低于50%和中国证监会关于独立董事比例不低于30%且不少于3人的政策规定，学者们基于这一外生政策冲击构建了工具变量和准自然实验（Armstrong et al.，2014；梁权熙和曾海舰，2016）。以及关于机构投资者的研究中，有学者根据Russel 100/200指数分界点构造断点回归的识别策略（Crane et al.，2016；Appel et al.，2016）。

② Adams et al.（2010）从理论模型层面对董事会结构和公司治理进行了一个很好的综述。

参考文献

[1] 白重恩、刘俏、陆洲、宋敏、张俊喜，2005：《中国上市公司治理结构的实证研究》，《经济研究》第2期。

[2] 陈冬华、陈信元、万华林，2005：《国有企业中的薪酬管制与在职消费》，《经济研究》第2期。

[3] 陈胜蓝、卢锐，2012：《股权分置改革、盈余管理与高管薪酬业绩敏感性》，《金融研究》第10期。

[4] 陈信元、陈冬华、万华林、梁上坤，2009：《地区差异、薪酬管制与高管腐败》，《管理世界》第11期。

[5] 陈运森、谢德仁，2012：《董事网络、独立董事治理与高管激励》，《金融研究》第2期。

[6] 杜兴强、王丽华，2007：《高层管理当局薪酬与上市公司业绩的相关性实证研究》，《会计研究》第1期。

[7] 樊纲、王小鲁、朱恒鹏，2010：《中国市场化指数：各地区市场化相对进程2009年报告》，经济科学出版社。

[8] 方芳、李实，2015：《中国企业高管薪酬差距研究》，《中国社会科学》第8期。

[9] 方军雄，2009：《我国上市公司高管的薪酬存在粘性吗?》，《经济研究》第3期。

[10] 方军雄，2011：《高管权力与企业薪酬变动的非对称性》，《经济研究》第4期。

[11] 高义，2006：《使用不同参照对象的相对业绩评价检验——来自中国

上市公司的证据》，《山西财经大学学报》第 2 期。

[12] 顾斌、周立烨：2007，《我国上市公司股权激励实施效果的研究》，《会计研究》第 2 期。

[13] 郭福春，2006：《风险、相对业绩与高管薪酬——对中国上市公司委托—代理问题的一项实证检验》，《浙江社会科学》第 2 期。

[14] 胡金焱，2003：《中国股票市场宏观政策效应的实证研究》，《经济学动态》第 6 期。

[15] 姜付秀、朱冰、王运通，2014：《国有企业的经理激励契约更不看重绩效吗?》，《管理世界》第 9 期。

[16] 江伟，2010：《行业薪酬基准与管理者薪酬增长——基于中国上市公司的实证分析》，《金融研究》第 4 期。

[17] 孔东民、徐茗丽、孔高文，2017：《企业内部薪酬差距与创新》，《经济研究》第 10 期。

[18] 寇明婷、卢新生，2011：《货币政策调整的股票价格瞬时效应研究——基于 A 股市场高频数据的实证分析》，《山西财经大学学报》第 1 期。

[19] 李平、高洁、廖静池，2014：《存款准备金率调整对股票市场的影响——基于中国股市高频数据的实证研究》，《证券市场导报》第 10 期。

[20] 李燕萍、张海、贺欢，2010：《金融上市企业高管人力资本对其薪酬的影响——兼评“限薪令”》，《经济管理》第 6 期。

[21] 李增泉，2000：《激励机制与企业绩效——一项基于上市公司的实证研究》，《会计研究》第 1 期。

[22] 梁权熙、曾海舰，2016：《独立董事制度改革、独立董事的独立性与股价崩盘风险》，《管理世界》第 3 期。

[23] 林大庞、苏冬蔚，2011：《股权激励与公司业绩——基于盈余管理视角的新研究》，《金融研究》第 9 期。

[24] 刘凤委、孙铮、李增泉，2007：《政府干预、行业竞争与薪酬契约——来自国有上市公司的经验证据》，《管理世界》第 9 期。

[25] 吕长江、张海平，2011：《股权激励计划对公司投资行为的影响》，《管理世界》第11期。

[26] 吕长江、郑慧莲、严明珠、许静静，2009：《上市公司股权激励制度设计：是激励还是福利?》，《管理世界》第9期。

[27] 卢锐、魏明海2008：《薪酬制定的管理层权利理论进展》，《经济管理》第1期。

[28] 梅洁，2015：《国有控股公司管理层报酬的政策干预效果评估——基于"限薪令"和"八项规定"政策干预的拟自然实验》，《证券市场导报》第12期。

[29] 潘敏、刘希曦，2016：《"限薪令"对企业内部薪酬差距激励效果的影响研究》，《武汉大学学报（哲学社会科学版）》，第3期。

[30] 权小锋、吴世农、文芳，2010：《管理层权力、私有收益与薪酬操纵》，《经济研究》第11期。

[31] 沈艺峰、李培功，2010：《政府限薪令与国有企业高管薪酬、业绩和运气关系的研究》，《中国工业经济》第11期。

[32] 苏冬蔚、林大庞，2010：《股权激励、盈余管理与公司治理》，《经济研究》第11期。

[33] 苏冬蔚、熊家财，2013a：《大股东掏空与CEO薪酬契约》，《金融研究》第12期。

[34] 苏冬蔚、熊家财，2013b：《股票流动性、股价信息含量与CEO薪酬契约》，《经济研究》第11期。

[35] 唐清泉、夏芸、徐欣，2011：《我国企业高管股权激励与研发投资——基于内生性视角的研究》，《中国会计评论》第9期。

[36] 唐松、孙铮，2014：《政治关联、高管薪酬与企业未来经营绩效》，《管理世界》第5期。

[37] 童晶骏，2003：《关于我国上市公司股权激励效应的实证分析》，《理论探讨》第5期。

[38] 王华、黄之骏，2006：《经营者股权激励、董事会组成与企业价值——基于内生性视角的经验分析》，《管理世界》第9期。

[39] 王会娟、张然，2012：《私募股权投资与被投资企业高管薪酬契约——基于公司治理视角的研究》，《管理世界》第9期。

[40] 王珺，2001：《双重博弈中的激励与行为——对转轨时期国有企业经理激励不足的一种新解释》，《经济研究》第8期。

[41] 魏刚，2000：《高级管理层激励与上市公司经营绩效》，《经济研究》第3期。

[42] 吴育辉、吴世农，2010：《高管薪酬：激励还是自利？——来自中国上市公司的证据》，《会计研究》第11期。

[43] 肖继辉，2005：《上市公司相对业绩评价假设的强式和弱式有效性——来自我国上市公司经理报酬契约的证据》，《经济管理》第14期。

[44] 谢德仁、陈运森，2010：《业绩型股权激励、行权业绩条件与股东财富增长》，《金融研究》第12期。

[45] 辛清泉、谭伟强，2009：《市场化改革、企业业绩与国有企业经理薪酬》，《经济研究》第11期。

[46] 杨青、朱晓洋、Burcin Yurtoglu、方悦平，2012：《公司复杂性，最优董事会及其独立性选择》，《金融研究》第8期。

[47] 杨青、陈峰、陈洁，2014：《我国上市公司CEO薪酬存在“幸运支付”吗——“揩油论”抑或“契约论”》，《金融研究》第4期。

[48] 叶林祥、李实、罗楚亮，2011：《行业垄断、所有制与企业工资收入差距——基于第一次全国经济普查企业数据的实证研究》，《管理世界》第4期。

[49] 张维迎，2000：《产权安排与企业内部的权力斗争》，《经济研究》第6期。

[50] 周其仁，1996：《市场里的企业：一个人力资本与非人力资本的特别合约》，《经济研究》第6期。

[51] 周宏、建蕾、李国平、何梦丽，2014：《不同市场竞争程度与相对绩效评价——基于2004—2012年沪深上市公司的实证检验》，《会计研究》第5期。

[52] 周宏、王海妹、张巍，2008：《相对绩效评价的绩效形式研究》，《会计研究》第6期。

[53] 周宏、张巍，2010：《中国上市公司经理人薪酬的比较效应——基于相对业绩评价的实证研究》，《会计研究》第7期。

[54] 周权雄、朱卫平，2010：《国企锦标赛激励效应与制约因素研究》，《经济学（季刊）》第2期。

[55] 周泽将、杜兴强，2012：《税收负担、会计稳健性与薪酬业绩敏感度》，《金融研究》第10期。

[56] Adams, J. S.. 1965, "Inequity in Social Exchange", Advances in Experimental Social Psychology, 2.

[57] Adams R. B., B. E. Hermalin, and M. S. Weisbach. 2010, "The Role of Boards of Directors in Corporate Governance: A Conceptual Framework and Survey", Journal of Economic Literature, 48.

[58] Aggarwal R. K, and A. A. Samwick. 1999, "The Other Side of the Trade-off: The Impact of Risk on Executive Compensation", Journal of Political Economy, 107.

[59] Aharony, J., C. J. Lee, and T. J. Wong. 2000, "Financial Packaging of IPO Firms in China", Journal of Accounting Research, 38.

[60] Akyol, A. C., W. F. Lim, and P. Verwijmeren. 2012, "Shareholders in the Boardroom: Wealth Effects of the SEC's Proposal to Facilitate Director Nominations", Journal of Financial and Quantitative Analysis, 47.

[61] Albuquerque A.. 2009, "Peer Firms in Relative Performance Evaluation", Journal of Accounting and Economics, 48.

[62] Antle, R., and A. Smith, 1986, "An Empirical Investigation of the Relative Performance Evaluation of Corporate Executives", Journal of Accounting Research.

[63] Appel, I. R., T. A. Gormley, and D. B. Keim. 2016, "Passive Investors, Not Passive Owners", Journal of Financial Economics, 121.

[64] Armstrong, C., D. F. Larcker, and C. Su. 2007, "Stock Options and Chief

Executive Officer Compensation", Rock Center for Corporate Governance Working Paper No. 27.

[65] Armstrong, C. S., J. E. Core, and W. R. Guay. 2014, "Do Independent Directors Cause Improvements in Firm Transparency?", Journal of Financial Economics, 113.

[66] Axelson, U., and S. Baliga. 2008, "Liquidity and Manipulation of Executive Compensation Schemes", The Review of Financial Studies, 22.

[67] Axtell, R. L.. 2001, "Zipf distribution of US firm sizes", Science, 293.

[68] Baker, G. P., M. C. Jensen, and K. J. Murphy. 1988, "Compensation and Incentives: Practice vs. Theory", The Journal of Finance, 43.

[69] Balachandran, S., F. Ferri, and D. Maber. 2007, "Solving the Executive Compensation Problem Through Shareholder Votes? Evidence from the UK", Review of Finance.

[70] Barro, J. R., and R. J. Barro. 1990, "Pay, Performance, and Turnover of Bank CEOs", Journal of Labor Economics, 8.

[71] Bebchuk, L. A., and J. M. Fried. 2004, Pay without Performance: The Unfulfilled Promise of Executive Compensation, Harvard University Press.

[72] Bebchuk, L. A., K. J. M. Cremers, and U. C. Peyer. 2011, "The CEO Pay Slice", Journal of Financial Economics, 102.

[73] Becker, G. S.. 1962, "Investment in Human Capital: A Theoretical Analysis", Journal of Political Economy, 70.

[74] Berle, A., and G. Means. 1932. "The Modern Corporation and Private Property", Macmillan.

[75] Bertrand, M., and S. Mullainathan. 2001, "Are CEOs Rewarded for Luck? The Ones without Principals Are", The Quarterly Journal of Economics, 116.

[76] Bizjak, J. M., M. L. Lemmon, and L. Naveen. 2008, "Does the Use of Peer Groups Contribute to Higher Pay and Less Efficient Compensation?", Journal of Financial Economics, 90.

[77] Brick, I. E., O. Palmon, and J. K. Wald. 2006, "CEO Compensation, Director Compensation, and Firm Performance: Evidence of Cronyism?", Journal of Corporate Finance, 12.

[78] Cai, J., and R. A. Walkling. 2011, "Shareholders' Say on Pay: Does It Create Value?", Journal of Financial and Quantitative Analysis, 46.

[79] Campbell, J. Y., A. W. Lo, and A. C. MacKinlay. 1997, The Econometrics of Financial Markets , Princeton University Press.

[80] Cao, M., and R. Wang. 2008, "Search for Optimal CEO Compensation: Theory and Empirical Evidence", AFA 2009 San Francisco Meetings Paper.

[81] Carter, M. E., C. D. Ittner, and S. LC. Zechman. 2009, "Explicit Relative Performance Evaluation in Performance-Vested Equity Grants", Review of Accounting Studies, 14.

[82] Castanias, R. P, and C. E. Helfat. 1991, "Managerial Resources and Rents", Journal of management, 17.

[83] Chen, D., S. Liang, and P. Zhu. 2012, "Relative Performance Evaluation and Executive Compensation: Evidence From Chinese Listed Companies", China Journal of Accounting Research, 5.

[84] Coase, R. H.. 1937, "The Nature of the Firm", Economica, 4.

[85] Coles, J. L., Z. F. Li, and A. Y. Wang. 2013, "Industry Tournament Incentives", The Review of Financial Studies, 31.

[86] Core, J. E., R. W. Holthausen, and D. F. Larcker. 1999, "Corporate Governance, Chief Executive Officer Compensation, and Firm Performance", Journal of Financial Economics, 51.

[87] Core, J., and W. Guay. 2002, "Estimating the Value of Employee Stock Option Portfolios and Their Sensitivities to Price and Volatility", Journal of Accounting research, 40.

[88] Coughlan, A. T., and R. M. Schmidt. 1985, "Executive Compensation, Management Turnover, and Firm Performance: An Empirical Investigation", Journal of Accounting and Economics, 7.

[89] Crane, A. D., S. Michenaud, and J. P. Weston. 2016, "The Effect of Institutional Ownership on Payout Policy: Evidence from Index Thresholds", The Review of Financial Studies, 29.

[90] Crosby, F.. 1984, "Relative Deprivation in Organizational Settings", Research in Organizational Behavior, 6.

[91] Danthine, J., and J. B. Donaldson. 2015, "Executive Compensation: A General Equilibrium Perspective", Review of Economic Dynamics, 18.

[92] Davis, J. H., F. D. Schoorman, and L. Donaldson. 1997, "Toward a Stewardship Theory of Management", Academy of Management review, 22.

[93] Dittmann, I., and E. Maug. 2007, "Lower Salaries and No Options? On the Optimal Structure of Executive Pay", The Journal of Finance, 62.

[94] Dittmann, I., E. Maug, and O. Spalt. 2010, "Sticks or Carrots? Optimal CEO Compensation When Managers Are Loss Averse, The Journal of Finance, 65.

[95] Dittmann, I., E. Maug, and O. G. Spalt. 2013, "Indexing Executive Compensation Contracts", The Review of Financial Studies, 26.

[96] Dittmann, I., E. Maug, and D. Zhang. 2011, "Restricting CEO pay", Journal of Corporate Finance, 17.

[97] Dittrich, J. E., and M. R. Carrell. 1979, "Organizational Equity Perceptions, Employee Job Satisfaction, and Departmental Absence and Turnover Rates", Organizational Behavior and Human Performance, 24.

[98] Dolley, J. C.. 1933, "Characteristics and Procedure of Common Stock Split-ups", Harvard Business Review, 11.

[99] Edmans, A., and X. Gabaix. 2016, "Executive Compensation: A Modern Primer", Journal of Economic Literature, 54.

[100] Eisenhardt, K. M., and J. A. Martin. 2000, "Dynamic Capabilities: What Are They?", Strategic Management Journal, 21.

[101] Erickson, M., M. Hanlon, and E. L. Maydew. 2006, "Is There a Link between Executive Equity Incentives and Accounting Fraud?", Journal of

Accounting research, 44.

[102] Fahlenbrach, R.. 2009, "Shareholder Rights, Boards, and CEO Compensation", Review of Finance, 13.

[103] Falato, A.. 2006, "Superstars or Superlemons? Top Executive Pay and Corporate Acquisitions", AFA 2008 New Orleans Meetings Paper; EFA 2008 Athens Meetings Paper.

[104] Fama, E. F., L. Fisher, M. C. Jensen, and R. Roll. 1969, "The Adjustment of Stock Prices to New Information", International economic review, 10.

[105] Fama, E. F., and M. C. Jensen. 1983, "Separation of Ownership and Control", The Journal of Law and Economics, 26.

[106] Faulkender, M., and J. Yang. 2010, "Inside the Black Box: The Role and Composition of Compensation Peer Groups", Journal of Financial Economics, 96.

[107] Firth, M., P. MY. Fung, and O. M. Rui. 2006, "Firm Performance, Governance Structure, and Top Management Turnover in a Transitional Economy", Journal of Management Studies, 43.

[108] Fisher, J., and V. Govindarajan. 1992, "Profit Center Manager compensation: An examination of market, political and human capital factors", Strategic Management Journal, 13.

[109] Frydman, C.. 2005, "Rising Through the Ranks: The Evolution of the Market for Corporate Executives, 1936—2003", V Columbia University, 5.

[110] Gabaix, X., and R. Ibragimov. 2006, "Rank -1/2: A Simple Way to Improve the OLS Estimation of Tail Exponents", mimeo. Harvard University.

[111] Gabaix, X., and A. Landier. 2008, "Why Has CEO Pay Increased So Much?", The Quarterly Journal of Economics, 123.

[112] Garicano, L., and E. Rossi - Hansberg. 2006, "Organization and Inequality in a Knowledge Economy", The Quarterly Journal of

Economics, 121.

[113] Garvey, G. T, and T. T. Milbourn. 2006, "Asymmetric Benchmarking in Compensation: Executives Are Rewarded for Good Luck but Not Penalized for Bad", Journal of Financial Economics, 82.

[114] Gayle, G., L. Golan, and R. A. Miller. 2015, "Promotion, Turnover, and Compensation in the Executive Labor Market", Econometrica, 83.

[115] Gervais, S., JB. Heaton, and T. Odean. 2007, "Overconfidence, Investment Policy, and Manager Welfare", Fuqua School of Business Working Paper.

[116] Giannetti, M.. 2011, "Serial CEO Incentives and the Structure of Managerial Contracts", Journal of Financial Intermediation, 20.

[117] Gibbons, R., and K. J. Murphy. 1990, "Relative Performance Evaluation for Chief Executive Officers", ILR Review, 43.

[118] Gomez-Mejia, L. R., and D. B. Balkin. 1992, "Determinants of Faculty Pay: An Agency Theory Perspective", Academy of Management Journal, 35.

[119] Gong, G, L. Y. Li, and J. Y. Shin. 2011, "Rclativc Pcrformancc Evaluation and Related Peer Groups in Executive Compensation Contracts", The Accounting Review, 86.

[120] Gopalan, R., T. T. Milbourn, and F. Song. 2008, "Strategic Flexibility and the Optimality of Pay for Luck". SSRN Working Paper No. 1012975.

[121] Grinstein, Y., and P. Hribar. 2004, "CEO Compensation and Incentives: Evidence from M&A Bonuses", Journal of Financial Economics, 73.

[122] Grossman, S. J, and O. D. Hart. 1983, "An Analysis of the Principal-agent Problem", Econometrica: Journal of the Econometric Society.

[123] Grossman, S. J., and O. D. Hart. 1986, "The Costs and Benefits of Ownership: A Theory of Vertical and Lateral Integration", Journal of Political Economy, 94.

[124] Hall, B. J., and K. J. Murphy. 2003, "The Trouble with Stock Options", Journal of Economic Perspectives, 17.

[125] Harford, J., and K. Li. 2007, "Decoupling CEO Wealth and Firm Performance: The Case of Acquiring CEOs", The Journal of Finance, 62.

[126] Harris, D., and C. Helfat. 1997, "Specificity of CEO Human Capital and Compensation", Strategic Management Journal, 18.

[127] Haubrich, J. G.. 1994, "Risk Aversion, Performance Pay, and the Principal-agent Problem", Journal of Political Economy, 102.

[128] Hayes, R. M., and S. Schaefer. 2009, "CEO Pay and the Lake Wobegon Effect", Journal of Financial Economics, 94.

[129] He, Z.. 2012, "Dynamic Compensation Contracts with Private savings", The Review of Financial studies, 25.

[130] Hölmstrom, B.. 2004. "Pay without Performance and the Managerial Power Hypothesis: A comment", Journal of Corporation Law, 30.

[131] Hölmstrom, B.. 1982, "Moral Hazard in Teams", The Bell Journal of Economics, 13.

[132] Hölmstrom, B.. 1979, "Moral Hazard and Observability", The Bell Journal of Economics, 10.

[133] Hölmstrom, B., and P. Milgrom. 1987, "Aggregation and Linearity in the Provision of Intertemporal Incentives", Econometrica: Journal of the Econometric Society, 55.

[134] Hölmstrom, B., and P. Milgrom. 1991, "Multitask Principal-agent Analyses: Incentive Contracts, Asset Ownership, and Job Design", Journal of Law, Economics, & Organization, 7.

[135] Janakiraman, S. N., R. A. Lambert, and D. F. Larcker. 1992, "An Empirical Investigation of the Relative Performance Evaluation Hypothesis", Journal of Accounting research, 30.

[136] Jensen, M. C., and K. J. Murphy. 1990, "Performance Pay and Top-management Incentives", Journal of Political Economy, 98.

[137] Jensen, M. C., and W. H. Meckling. 1976, "Theory of the Firm: Managerial Behavior, Agency Costs and Ownership Structure", Journal of Financial Economics, 3.

[138] Jensen, M., K. Murphy, and E. Wruck. 2004, "Remuneration: Where We've Been, How We Got to Here, What Are the Problems, and How to Fix Them", Harvard NOM Working Paper No. 04-28; ECGI - Finance Working Paper No. 44/2004.

[139] Johnson, S. A., H. E. Ryan, and Y. S. Tian. 2009, "Managerial Incentives and Corporate Fraud: The Sources of Incentives Matter", Review of Finance, 13.

[140] Johnson, S., P. Boone, A. Breach, and E. Friedman. 2000, "Corporate Governance in the Asian Financial Crisis", Journal of Financial Economics, 58.

[141] Kadan, O., and J. M. Swinkels. 2007, "Stocks or Options? Moral Hazard, Firm Viability, and the Design of Compensation Contracts", The Review of Financial Studies, 21.

[142] Kroll, M., P. Wright, and P. Theerathorn. 1993, "Whose Interests Do Hired Top Managers Pursue? An Examination of Select Mutual and Stock Life Insurers', Journal of Business Research, 26.

[143] Lambert, R. A., and D. F. Larcker. 1987, "An Analysis of the Use of Accounting and Market Measures of Performance in Executive Compensation Contracts", Journal of Accounting research, 25.

[144] Larcker, D. F., G. Ormazabal, and D. J. Taylor. 2011, "The Market Reaction to Corporate Governance Regulation", Journal of Financial Economics, 101.

[145] Lazear, E. P., and S. Rosen. 1981, "Rank-order Tournaments as Optimum Labor Contracts", Journal of Political Economy, 89.

[146] Marin, D., and T. Verdier. 2012, "Globalization and the Empowerment of Talent", Journal of International Economics, 86.

[147] Martin, J.. 1979, Relative Deprivation: A Theory of Distributive Injustice for An Era of Shrinking Resources, Graduate School of Business, Stanford University.

[148] Maug, E., and O. Spalt. 2008, "The Optimal Design of Stock Options: A Loss-aversion Approach", Working paper, University of Mannheim.

[149] McConnell, J. J., and H. Servaes. 1990, "Additional Evidence on Equity Ownership and Corporate Value", Journal of Financial Economics, 27.

[150] Meng, X., and M. P. Kidd. 1997, "Labor Market Reform and the Changing Structure of Wage Determination in China's State Sector During the 1980s", Journal of Comparative Economics, 25.

[151] Murphy, K. J.. 1985, "Corporate Performance and Managerial Remuneration: An Empirical Analysis", Journal of Accounting and Economics, 7.

[152] Murphy, K. J., and J. Zabojnik. 2004, "CEO Pay and Appointments: A Market-based Explanation for Recent Trends", The American Economic Review, 94.

[153] Murphy, K. J.. 1999, Handbook of Labor Economics (Chapter 38 Executive compensation), Elsevier.

[154] Oldham, G. R., C. T. Kulik, M. L. Ambrose, L. P. Stepina, and J. F. Brand. 1986, "Relations Between Job Facet Comparisons and Employee Reactions", Organizational Behavior and Human Decision Processes, 38.

[155] Petersen, M. A.. 2009, "Estimating Standard Errors in Finance Panel Data Sets: Comparing Approaches", The Review of Financial Studies, 22.

[156] Piketty, T.. 2014, Capital in the 21st Century, Harvard University Press.

[157] Rajgopal, S., and T. Shevlin. 2002, "Empirical Evidence on the Relation Between Stock Option Compensation and Risk Taking", Journal of Accounting and Economics, 33.

[158] Rajgopal, S., T. Shevlin, and V. Zamora. 2006, "CEOs' Outside Employment Opportunities and the Lack of Relative Performance Evaluation

in Compensation Contracts", The Journal of Finance, 61.

[159] Rosen, S.. 1981, "The Economics of Superstars", The American Economic Review, 71.

[160] Rosen, S.. 1990, "Contracts and the Market for Executives", NBER Working Paper No. 3542.

[161] Rosenbaum, P., and D. Rubin. 1983, "The Central Role of the Propensity Score in Observational Studies for Causal Effects", Biometrika, 70.

[162] Sattinger, M.. 1993, "Assignment Models of the Distribution of Earnings", Journal of Economic Literature, 31.

[163] Schultz, T. W.. 1960, "Capital Formation by Education", Journal of Political Economy, 68.

[164] Shleifer, A., and R. W. Vishny. 1989, "Management Entrenchment: The Case of Manager-specific Investments", Journal of Financial Economics, 25.

[165] Sloan, R. G.. 1993, "Accounting Earnings and Top Executive Compensation", Journal of Accounting and Economics, 16.

[166] Taussig, F. W., and WS. Barker. 1925, "American Corporations and Their Executives: A Statistical Inquiry", The quarterly journal of economics, 40.

[167] Telly, C. S., W. L. French, and W. G. Scott. 1971, "The Relationship of Inequity to Turnover Among Hourly Workers", Administrative Science Quarterly, 16.

[168] Terviö, M.. 2008, "The Difference That CEOs Make: An Assignment Model Approach", The American Economic Review, 98.

[169] Thaler, R. H.. 1999, "Mental Accounting Matters", Journal of Behavioral Decision Making, 12.

[170] Tosi, H. L., S. W., J. P. Katz, and L. R. Gomez-Mejia. 2000, "How Much Does Performance Matter? A Meta-analysis of CEO Pay Studies", Journal of management, 26.

[171] Tversky, A., and D. Kahneman. 1991, "Loss Aversion in Riskless Choice: A Reference-dependent Model", The Quarterly Journal of Economics, 106.

[172] Tversky, A., and D. Kahneman. 1992, "Advances in Prospect Theory: Cumulative Representation of Uncertainty", Journal of Risk and Uncertainty, 5.

[173] Verret, JW.. 2009. "Unintended Consequences of Executive Compensation Regulation Threatens to Worsen the Financial Crisis", George Mason Law & Economics Research Paper No. 09-34.

[174] Walster, E., G. W. Walster, and E. Berscheid 1978, Equity: Theory and Research, Boston: Allyn and Bacon.

[175] Zhang, I. X.. 2007, "Economic Consequences of the Sarbanes-Oxley Act of 2002", Journal of Accounting and Economics, 44.

后　记

在本书的写作过程中，我得到了很多老师、同行的建议与帮助，在此深表谢忱。首先要感谢我的博士指导老师、复旦大学经济学院的杨青教授。杨老师渊博的学识、敏捷的思路、丰富的研究经验以及谦逊的治学态度令我钦佩。本书的创作灵感来源于杨老师在维也纳大学访学的经历，她搜集了百余篇关于欧洲和亚太地区公司股权结构与治理问题的学术研究，对该领域的前沿问题有明晰的把握。早在 2015 年，我和杨老师就开始就中国公司高管薪酬激励问题展开讨论，我从此养成了带着思辨精神阅读学术论文的习惯，并经常在师门的组会上与师门同学们交流，每一次的报告与讨论都令我受益匪浅，并敦促我进行更加深入的研究。杨老师告诫我任何脱离经济学理论的纯实证研究都可能是自欺欺人，这也是本书注重理论模型推演的重要原因。为了加强在理论建模和逻辑分析方面的能力，我有幸受到国家留学基金委资助，于 2016 到 2017 年前往德国 WHU-奥托贝森管理研究院深造。与我的外导 Burcin Yurtoglu 教授合作的一年里，我充分体会到德国人严谨的工作态度，也充分意识到一丝不苟、实事求是与寻根问底是一位科研工作者必不可少的重要品质。在此期间，我接受过一学期 Peter Jost 教授关于合约理论的系统性博士生课程，并得到德雷塞尔大学 Eliezer Fich 教授的科研训练，我还有幸参加了在曼海姆大学举办的 2017 年欧洲金融学年会（EFA），见到了高管薪酬领域的知名学者 Ernst Maug 教授，与他们的交流和讨论使我反思国内外高管薪酬决定机制的重要差异。

同时，也要感谢我的本科导师孔东民教授。孔老师为我打开了科研领域的大门，让我在本科期间就接受了正规的科研训练，为我的科研之路奠定了坚实的基础。一直以来，孔老师也是我科研道路上十分重要的长期合作者。也感谢复旦大学经济学院硕博连读项目的授课老师们，你们渊博的学识、扎实的理论功底、深刻的见解与精彩的授课内容令我终生难忘。尤其感谢王城老师，正是您讲授的“动态合约理论”课程激发了我博士论文的研究兴趣，引领我走向合约理论这一精彩的研究领域。感谢国家自然科学基金面上项目“基于制度视角的跨期动态CEO薪酬激励定价及其治理绩效研究”（71373049，主持人：杨青）对本书写作的支持，以及国家留学基金委对本人博士期间联合培养工作的资助。

王亚男

写于2019年4月21日武汉南湖之滨